# 新媒体时代高校思想政治教学模式研究

董韶华◎著

吉林大学出版社

·长春·

图书在版编目（CIP）数据

新媒体时代高校思想政治教学模式研究 / 董韶华著.
长春：吉林大学出版社, 2025. 1. -- ISBN 978-7-5768-4386-6
Ⅰ. G641
中国国家版本馆 CIP 数据核字第 20246RB101 号

| 书　　名 | 新媒体时代高校思想政治教学模式研究 |
|---|---|
| 作　　者 | 董韶华　著 |
| 策划编辑 | 殷丽爽 |
| 责任编辑 | 张宏亮 |
| 责任校对 | 曲　楠 |
| 装帧设计 | 守正文化 |
| 出版发行 | 吉林大学出版社 |
| 社　　址 | 长春市人民大街 4059 号 |
| 邮政编码 | 130021 |
| 发行电话 | 0431-89580036/58 |
| 网　　址 | http://www.jlup.com.cn |
| 电子邮箱 | jldxcbs@sina.com |
| 印　　刷 | 天津和萱印刷有限公司 |
| 开　　本 | 787mm×1092mm　1/16 |
| 印　　张 | 10.5 |
| 字　　数 | 200 千字 |
| 版　　次 | 2025 年 3 月　第 1 版 |
| 印　　次 | 2025 年 3 月　第 1 次 |
| 书　　号 | ISBN 978-7-5768-4386-6 |
| 定　　价 | 72.00 元 |

版权所有　　翻印必究

# 前　言

高校开展思想政治教育的主要任务是，通过思想政治教育引导学生树立正确的三观、树立正确的政治方向，进而为社会主义建设培养合格的建设者与接班人。通过分析当前的高校思想政治教育现状，我们可以发现依然存在一些弊端，如课堂比较沉闷、学生的学习兴趣较低等。为了提高课堂教学效果，教师应该以创新的思维去重构课堂，如创设互动性的学习环境，利用多媒体和现代技术辅助教学，结合实践教学和独立思考，关注时事热点和个人发展需求。这样的教学方法将更好地激发学生的学习兴趣，提高其积极性，提升课堂教学效果，引导学生树立正确的政治方向、正确的世界观、人生观和价值观。

随着媒介信息技术的迅猛发展，尤其是互联网技术的发展，人类进入了"新媒体时代"。人们的思想和价值观念呈现出多元化、多样性、多变动的特点。这在为当代高校思想政治教育带来重大机遇的同时，也带来了全新的挑战。一方面，信息的多样性和快速传播使得学生容易受到各种各样观点和信息源的影响，可能导致其观念混乱和思想碎片化。另一方面，网络暴力、虚假信息等问题也给思想政治教育带来了一定的困扰，需要教育者具备更高的教育技能和素养，以引导学生正确理解和应对新媒体环境中的信息。为了应对新媒体时代的挑战，高校思想政治教育需要适应新媒体时代的特点，采取创新的教学方法和教学手段。

本书共分为六章。第一章为思想政治教育概述，包括思想政治教育的内容、思想政治教育的特点和规律、思想政治教育的实践性及当代价值三方面内容；第二章为高校思想政治教学设计，包括高校思想政治教学目标设计、高校思想政治教学内容设计、高校思想政治教学语言设计和高校思想政治教学评价设计四方面内容；第三章为新媒体时代高校思想政治教育的发展研究，包括新媒体概述、新媒体时代高校思想政治教育的理论阐释、新媒体时代高校思想政治教育面临的机遇与挑战和新媒体时代高校思想政治教育的优化策略四方面内容；第四章为新媒体时代高校思想政治教学之慕课模式，包括慕课概述、高校应用慕课开展思想政治教学活动的必要性及优势分析、慕课背景下高校思想政治教学面临的困境、高校思想政治理论课慕课教学模式改进的对策四方面内容；第五章为新媒体时代高校思想政治教学之微课模式，包括微课概述、在高校思想政治教学中应用微课的必要性和可行性、高校思想政治微课程设计存在的问题和原因，以及在高校思想政治教学中开展微课的原则与对策四方面内容；第六章为新媒体时代高校思想政治教学的其他模式，包括新媒体时代高校思想政治教学的直播互动教学模式、新媒体时代高校思想政治教育共享社区模式和基于"易班"的高校思想政治教学模式四方面内容。

在撰写本书的过程中，笔者参考了大量的学术文献，得到了许多专家学者的帮助，在此表示真诚感谢。由于笔者水平有限，书中难免有疏漏之处，希望广大同行及时指正。

董韶华

2023 年 7 月

# 目 录

## 第一章 思想政治教育概述 ... 1
- 第一节 思想政治教育的内容 ... 1
- 第二节 思想政治教育的特点和规律 ... 18
- 第三节 思想政治教育的实践性及当代价值 ... 27

## 第二章 高校思想政治教学设计 ... 34
- 第一节 高校思想政治教学目标设计 ... 34
- 第二节 高校思想政治教学内容设计 ... 40
- 第三节 高校思想政治教学语言设计 ... 45
- 第四节 高校思想政治教学评价设计 ... 51

## 第三章 新媒体时代高校思想政治教育的发展研究 ... 58
- 第一节 新媒体概述 ... 58
- 第二节 新媒体时代高校思想政治教育的理论阐释 ... 65
- 第三节 新媒体时代高校思想政治教育面临的机遇与挑战 ... 69
- 第四节 新媒体时代高校思想政治教育的优化策略 ... 74

## 第四章 新媒体时代高校思想政治教学之慕课模式 ... 89
- 第一节 慕课概述 ... 89
- 第二节 高校应用慕课开展思想政治教学活动的必要性及优势分析 ... 96
- 第三节 慕课背景下高校思想政治教学面临的困境 ... 100
- 第四节 高校思想政治理论课慕课教学模式改进的对策 ... 103

第五章 新媒体时代高校思想政治教学之微课模式 ………………………… 110
　第一节 微课概述 ……………………………………………………… 110
　第二节 在高校思想政治教学中应用微课的必要性和可行性 ………… 114
　第三节 高校思想政治微课程设计存在的问题和原因 ………………… 118
　第四节 在高校思想政治教学中开展微课的原则与对策 ……………… 123

第六章 新媒体时代高校思想政治教学的其他模式 ………………………… 130
　第一节 新媒体时代高校思想政治教学的直播互动教学模式 ………… 130
　第二节 新媒体时代高校思想政治教育共享社区模式 ………………… 144
　第三节 基于"易班"的高校思想政治教学模式 ……………………… 152

参考文献 …………………………………………………………………… 161

# 第一章 思想政治教育概述

思想政治教育能指导人们形成正确的思想。本章对思想政治教育进行了概述，主要分为以下三个方面：思想政治教育的内容、思想政治教育的特点和规律、思想政治教育的实践性及当代价值。

## 第一节 思想政治教育的内容

思想政治教育的内容通常都要符合受教育者的思想实际。思想政治教育是在一定的社会或阶级要求的基础上制订相关内容，教育者对这些内容进行筛选、设计，在完成这一系列步骤之后，再对受教育者进行有目的的教学。在思想政治教育内容中，思想政治教育的目的和任务蕴含其中，教育者可以通过这一载体与受教育者进行互动。此外，思想政治教育内容是思想政治教育目标的现实体现，也是确定教育原则与方法的重要前提。思想政治教育内容是一种以结构关系为存在形式的内容，即思想政治教育内容为组织形式、排列顺序、结合方式等构成要素建立了稳定的联系与作用方式。

### 一、思想政治教育的基本内容

#### （一）思想教育

思想教育是解决主观认识与客观实际是否一致，以及如何实现一致这两大问题的教育，其本质是世界观、方法论教育。只有加强人们的世界观教育与方法论教育，树立正确的三观，并提高受教育者认识与改造世界的能力，才能避免人们受到资产阶级及其他剥削阶级思想的影响，才能与错误思想相抗衡，进而加强无产阶级思想的统治地位，巩固社会主义意识形态的主导地位。在当前社会发展中，需要提高人们辨别伪科学和封建迷信活动的能力，这就需要加强人们的唯物论、无神论等思想政治理论教育。同时，思想教育还要将重点放在解放思想与转变观念上，从而更好地指导并推动人们的生活、工作与学习。

### （二）政治教育

政治教育旨在通过教育，使学生在核心政治问题上能够保持并坚守正确的立场与态度，主要内容包括对学生的政治信念、政治立场、政治观点、政治情感、政治纪律、政治方法、政治方向等方面的教育。我们需要注重培养学生对党、祖国、社会主义制度的政治共识和深厚感情，而这可以通过加强爱国主义、集体主义、社会主义教育来实现。在政治教育中，社会主义民主和法制教育尤为重要，特别是宪法教育。因此，应该加强这两方面的教育，以便让学生更好地理解民主和法制之间的关系。这有助于增强学生的社会主义民主理念和法制观念，鼓励他们自觉遵守宪法和法律，积极行使民主权利。为了提升公民的政治素质，我们需要通过政治教育来让人们更加清楚地认识到自己的权利和义务，增强归属感和责任感，进而促使人们积极地参与社会事务。

### （三）道德教育

道德教育的核心在于深化行为规范教育，促进道德规范的内化，使人们能够拥有正确的道德观念、判断力和道德行为，进而养成良好的道德素质，提高个人的道德修养。我们需要注重社会主义道德教育，培养公民为人民服务的意义和集体主义观念，帮助他们形成正确的道德观念与道德行为。同时，人们要摒弃资产阶级的错误观念，正确处理国家、集体、个人之间的利益关系。加强公民的社会公德教育，使其能够遵守社会规范，按照社会规律进行日常活动，自觉维护社会资源。加强职业道德教育，引导人们树立正确的职业观念，在工作中要做到爱岗敬业、认真负责，树立为社会作贡献的职业价值观念。对于工作中出现的不良风气，人们要能及时进行纠正，同时还要改善服务态度，提高工作质量。此外，还需要加强家庭美德教育，使人们能够形成良好的邻里关系，与邻居和谐共处，家庭关系和睦平等。在社会主义道德教育中，最重要的一点就是促使人们形成良好的社会主义新型人际关系，即人与人之间能做到相互理解、相互尊重、团结友爱。实质上，道德教育就是养成教育，理解了这一点，便于教育者在进行道德教育时，能够将教育重心放在内化道德规范上，而不是放在认知道德规范上。通过道德教育内化道德规范，能够让人们以道德规范为准则来对自身的行为进行指导与约束，有利于提高自身的道德自律能力，形成良好、稳定的道德品行。

### （四）心理教育

心理教育的主要目的是培养受教育者的心理素质。随着社会主义市场经济的发展和竞争的日益激烈，人们面临着更多的工作和学习压力，导致心理压力不断增加。一些人由于心理承受能力不足，难以承受这种压力负担，甚至出现了心理疾病。因此，心理教育旨在培养受教育者健康的心理和积极的心态，塑造良好的个性和健全的人格，使受教育者在激烈的竞争环境下，也能有不怕困难、勇于创新、艰苦奋斗的精神。

## 二、思想政治教育内容的结构关系

### （一）整体性关系

1. 思想政治教育系统存在的内在要求

从系统论的角度来看，结构表示系统内各要素之间的内在稳定联系，这种联系表现为相对固化的内在联系。系统整体的性质由内部相互依存的各个部分之间的关系来解释。思想政治教育内容是一个有内在和谐性的整体，其表现要素反映为各种要素的多样统一性和协同相关性。思想政治教育是一个由多个方面内容有机组成的整体体系，反映思想政治教育系统的整体性，主要体现在两方面。一方面，除了核心和主导的、本质的教育内容，思想政治教育还包含丰富多彩、日常化和拓展性强的教育内容。它不仅涵盖了基础性教育与系统性教育，还涵盖了主导性教育与日常的教育内容，具体包括政治、思想、道德教育，法纪教育，心理教育，"三观"教育，爱国主义教育和社会主义教育等。思想政治教育的主要特性就是时代性与变动性，此外，其发展体系既有稳定性又有继承性。另一方面，思想政治教育的每项内容都有着整体协同的规律。思想政治教育内容中不同的方面有机结合起来，形成一个既符合社会发展需要，又符合受教育者现实情况的完整体系。需要注意的是，这种有机的结合方式需要遵循特定的时空顺序与组合方式，只有这样才能构成思想政治教育内容的整体，才能将不同内容之间的内在联系呈现出来。可以看出，相比于思想政治教育内容各个部分独立存在，当它们结合成一个整体时，其所呈现的性质与功能更加显著。所以，在制订思想政治教育内容时，需要综合考虑多方面因素，不仅要考虑社会政治、经济、文化方面的求，还需要考虑内容的规范性、稳定性与连贯性。思想政治教育内容应该全面而系统，符合时代特征，具有针对性。只有这样，才能确保在社会变化中保持协调有序，在稳定状态下不失活力和创新性。

2. 思想政治教育目标的整体性关系的逻辑展现

思想政治教育目标是对教育活动预期结果的一种观念化形式，为预期结果提供了价值上的限定。思想政治教育目标是通过教育培养符合社会要求的社会个体的总设想与规定，主要体现在思想政治品德的质量上。通过思想政治教育目标能够看出社会对受教育者在政治、思想、道德、法纪、心理方面的综合要求。思想政治教育的内容根据其教育目标来确定，所以，通过对思想政治教育内容呈现方式的观察，可以看出它所寻求的目的。也就是说，思想政治教育目标与内容存在着密切的关系。思想政治教育这门学科注重对个人思想与道德发展的研究，注重对思想政治教育内在规律的探讨。在进行思想政治教育的过程中，存在一种独特的矛盾，即社会和阶层对人们思想品德的要求与人们实际的思想品德水平之间的矛盾。思想政治教育的目标和内容就是在这一具体矛盾环境下形成的即将社会、阶级对人们思想政治品德的要求变成人们在现实生活中所表现出的思想政治品德，进而将人们思想政治品德从"现有"变为"应有"。

**（二）有序性关系**

有序性是指在事物要素的发展中，有一定的规律或秩序，通常表现为时间上的顺序和空间上的次序。思想政治教育内容的有序性是指在思想政治教育中所表现的顺序性与系列性。

1. 顺序性

在传递思想政治教育内容时，必须按照一定的逻辑顺序和先后关系进行，实现从一个层面到另一个层面的有序跃升。思想政治教育内容的顺序性是指其产生、形成与发展都是按照一定的次序和规律进行的。这种顺序性主要体现在以下三个方面：首先是按照从简单到复杂的排序进行。这是指思想政治教育内容的产生、形成、发展，均遵循从简单到复杂的逻辑顺序。思想政治教育内容是一个包含很多不同方面、关系和特征的复杂系统,其本质是反映社会的性质、发展阶段和变化特点的社会意识形态。它从人与社会最基本的方面、关系和特征开始概括,其中包含了所有思想政治教育矛盾的萌芽。弗里德里希·恩格斯（Friedrich Engels）曾指出:"历史从哪里开始,思想进程也应当从哪里开始,而思想进程的进一步发展不过是历史进程在抽象的、理论上前后一贯的形式上的反映;这种反映是经过修正的,然而是按照现实的历史过程本身的规律修正的,这时,每一个要素可以在它完全成熟而具有典型性的发展点上加以考察。"[①] 其次是按照从低级到高级的顺序进行。思想政治教育的发展脉络,类似于任何事物的生长过程,都是从基础阶段开始,再逐步升华和提高,逐级向高层次发展。它最初注重个体目标的实现,进而逐渐上升到更高层次,即社会目标的实现。最后是按照从抽象到具体的顺序进行。思想政治教育的内容逐渐从抽象变得更具体和理性化,这一过程涉及教育内容的产生、形成和发展等方面。思想政治教育的核心内容是引导和帮助受教育者树立马克思主义世界观。在我国社会主义初级阶段,共产主义人生观是最高的人生观层次。但是,随着我国改革开放和社会主义现代化建设不断推进,思想政治教育的内容也在不断调整,旨在引导和帮助受教育者树立以为人民服务为中心的人生观和集体主义价值观。

## 2. 系列性

思想政治教育内容的系列性是指其内容总是展现出各方面、多层次、多维度的分类与组合,形成一个有机的、连贯的教育体系。由于社会、时代和人的不断发展,思想政治教育内容无时无刻不在变化,其内容也表现出系列性,主要体现在三个方面:一是时间系列。这意味着思想政治教育内容是按时间顺序产生、形成和发展的,其中存在着相互承袭的关系,因此,可以按时间顺序进行归类和排列。这种情况的前提是思想政治教育的内容自身的发展有着历史延续性。思想政治教育的内容随着时代的演进而不断发展变化,与社会经济、政治和文化发展密不可分。针对每个人的个体发展情况,考虑到受教育者在生理、心理、思想品德等方面的不同水平,在思想政治教育上,我们需要按照逐层递进、由浅入深的方式进行,确保整体相互协调的。二是空间系列。这主要是指思想政治教育内容在空间上有归类与排列的问题。思想政治教育内容空间系列会受到教育环境与受教

---

[①] 王万举. 文化产业创意学 [M]. 石家庄:花山文艺出版社,2018:91.

育者的影响，主要是教育环境的多变性影响与受教育者的层次性影响。个人的思想政治品德的塑造和提升，不仅受到外界因素的影响，如社会、学校和家庭等环境，也受到自身成长、认知能力、知识和经验水平等个人因素的制约。因此，为了适应不同的教育环境和人们的认识水平差异，思想政治教育内容呈现出多种不同的空间系列。三是时空结合的坐标系列。这是指对思想政治教育内容在时间和空间上进行归类与排列。思想政治教育内容在时间和空间上不能分开，因此，可以在时空上相结合，成为一个系列。

### （三）层次性关系

#### 1. 高低层次

高低层次是指思想政治教育内容由于受到教育目标的限制，而呈现出了低级、高级的层次。主要有三个层次，一是最低层次。最低层次的思想政治教育内容，即培养具有社会性的人，由思想政治教育的最基础目标决定，其他层次的思想政治教育内容都要以此为根基。二是中间层次。每个社会成员均来自特定的国家和地区，在享有特定权益的同时也要履行自己的责任与义务。在此前提下，出现了公民性要求、民族性要求与职业性要求。职业性是指在某一领域内工作的人员应遵循某种职业伦理标准。因此，在进行思想政治教育时，公民性、民族性和职业性被认为是思想政治教育的中间层次。三是最高层次。在教育中，最高层次的教育要求就是阶级性，这种阶级性在社会成员的社会性主要内容中占据了极其重要的地位。对统治阶层而言，对其成员进行阶级意识形态和思想政治的教育是至关重要的。思想政治教育之所以在其内容中展现出明显的阶级性，正是由它所固有的阶级性属性决定的。因此，在思想政治教育领域，以此为基础进行政治与阶级观念的教育显得尤为关键。

#### 2. 联系层次

联系层次是指思想政治教育内容各方面、各个特征之间有内在联系。联系层次有两种表现形态，一是台阶联系层。台阶联系层是指在思想政治教育内容中，即使是属于不同层次之间的内容，也具有联系与衔接的关系。在台阶联系层中，基础性内容就是台阶的第一层，主导性内容在这一基础上发展，而拓展性内容按时代和社会发展需要展开。这种逐渐上升的过程，就是思想政治教育内容的台阶结构。二是宝塔联系层。从思想政治教育的内容构架来看，心理教育、道德教育和法纪教育是思想政治教育体系中最基础和最根本的组成部分。从教育比重来看，思想教育以马克思主义作为核心指导思想，其中心内容涵盖了世界观、人生观和价值观的培养，在所有教育形式中，思想教育所占的比重最高。从教育层次来看，政治教育旨在培养学生具备一定程度的阶级意识和正确的政治观念，提高他们的政治敏感度、分析政治趋势及有效参与政治活动的能力。随着时代的进步，人们对教育也有了更多新的要求。当我们深入研究这些教育资源时，会发现它们的发展趋势是从基本层面逐步向更高级的层面转变，教育深度也按照由浅入深的方式进行。

3. 立体综合层次

立体综合层次是指思想政治教育内容在时空层次方面的表现，包括内容的先后、内外、上下、左右等。思想政治教育内容之所以能够构建出逻辑严密的有机体系，是因为教育内容需要根据学生的心理特性、实际思维模式、知识水平及社会的实际需求来灵活调整其广度、深度、进度和力度。此外，思想政治教育是从人们的实际思维出发，在人们的认知规律上进行教育。在社会、经济、政治和文化生活持续演变的背景下，思想政治教育的组织和设计必须根据其预定的任务和目标来进行。在教育过程中，我们必须同时考虑到时代的需求、教育的目标群体及人们的思想和道德发展模式。因此，在对思想政治教育内容进行科学和合理的规划时，我们必须认识到，要从多个维度进行设计，包括思想理论、价值观、文化心理和社会规范等方面。除了上述内容，我们还应在人性、公民性、职业性、民族性与阶级性的基础上开展各种教育。在此基础上，以人的全面发展要求为依据，将教育内容整合起来，从而创建一个立体综合的内容结构体系。需要注意的是，在这一教育体系中，要包括日常性内容、系统性内容、时政性内容、基础性内容、主导性内容、拓展性内容等六大结构。这样才能确保思想政治教育有科学的目标、多层次的教育规格和系统性的教育内容。

这些思想政治教育内容的相互影响、相互渗透，通过这些关系能够看出构建思想政治教育内容的基本规律。思想政治教育内容、只有从整体出发，保持现实针对性、内在逻辑性及层次之间的动态联系才能将整体的效益充分发挥出来。我们需要仔细思考思想政治教育内容的相互关系，精心规划教育内容的结构和框架。这样做可以提升思想政治教育的系统性、实践性和针对性，让其更好地适应社会发展趋势和促进人的全面发展。

## 三、思想政治教育内容的实现路径

### (一)准备与分层：思想政治教育内容的筹措

思想政治教育内容是实现思想政治教育路径的起点与准备阶段。需要注意一点，这里所提到的思想政治教育内容的教育对象是面向社会大众的，其所包含的不仅有思想政治教育学科，还有宣传系统主张的思想政治教育内容。思想政治教育内容由其面向的主体水平与结构决定，在社会各个阶层中，存在着不同层次的思想政治教育内容。从不同阶层的任务差异性出发，可将思想政治教育内容详细分为顶层、中层与基层三个不同层次。

1. 顶层思想政治教育内容

国家只有通过思想政治教育才能管理意识形态，而顶层设计又在其中扮演着十分重要的指导角色。顶层思想政治教育所包含的思想政治教育内容与国家意义有着联系。党十八大所倡导的"五位一体"思想覆盖了经济、政治、文化、社会和生态文明建设等多个领域，这些学术理论得到学者的借鉴和转化，已经成为思想政治教育不可或缺的组成部分。除了前面提到的内容，顶层思想政治教育还可以从外交、国际关系、国防军队和党的建设等多个方面进行深入补充和扩展。简单地说，顶层思想政治教育的内容不仅仅是对具体内容的规定，它更像是一个指导框架，为国家层面的思想政治教育提供了清晰的方向、策略和方针。这种教育内容不只是一个抽象的阐释，更具有高度的准确性和实际应用的价值。

2. 中层思想政治教育内容

中层思想政治教育内容属于社会层面的思想政治教育内容，是一种位于顶层思想政治教育内容与基层思想政治教育中间的内容。这三者互为补充，相互影响，共同构建了一个完整的体系。如果说顶层思想政治教育内容为思想政治教育提供了原则性的框架，那么中层思想政治教育内容就为其提供了实践操作的指导与评价标准，以营造一个使思想政治教育能够顺利实施的社会化环境。从组织机构角度来看，省级和市级政府宣传机构肩负着思想宣传的重点任务。宣传部门为更好地按照国家意识形态导向开展思想政治教育工作，把最好的思想政治教育工作内容变成更加适合宣传的文字，以政治运作为手段、以媒体平台为载体开展大量宣传活动。但相对于全国范围内的思想政治教育工作内容而言，中层思想政治教育工作的内容似乎更复杂、更多元。从社会诸多层面来看，各方面力量对顶层思想政治教育内容的宣传与推广起着重要的作用。从顶层传达到中层过程中，思想政治教育内容可能发生变化或失真。这对中层思想政治教育内容来说，是一个急需解决的问题。

3. 基层思想政治教育内容

"基层"这个术语不仅可以用来描述个体，还可以用来指代群体、单位或团体。基层思想政治教育覆盖了意识形态、政治思想和道德观念等多个方面内容。在基层思想政治教育的实践中，各种意识形态、政治立场和道德观念已经深刻地渗透我们的日常生活，在我们的行为模式和生活哲学中得到了直接的体现。基层思想政治教育内容有着明确的规定性，这是顶层思想政治教育与中层思想政治教育所没有的。正是因为这种规定性，使思想政治教育的规定更加具体与明确。思想政治教育的主要内容由抽象的理论观点、清晰的思想观念和具体的心理观念构成。从更广泛的视角来看，基层思想政治教育内容与我们的日常生活、职业和学习紧密相连。这些教育内容不仅可以直接反映在我们的实际操作中，还可以通过客观的评估标准来对其进行深入的评价。

（二）前提与要求：人的思想结构的考察

对人的思想结构进行考察时，要确保已经完成了对顶层、中层、基层思想政治教育内容的筹措。人的思想对教育内容的有效性有着直接影响，因此，在考察思想政治教育的实现路径时，要先对人的思想进行考察。只有当人的思想认同并接受了思想政治教育内容时，思想政治教育内容才能转变为人的观念。虽然人的思想是一个密不可分的整体，但是当我们从内部和外部的角度进行观察时，可以看到人的思想也能分为三个不同的层次。

1. 思想

人与动物的不同之处在于人有思想。虽然思想需要依赖于个体才能存在，但这并不意味着思想没有独立性。思想通常是以知识的形态存在，并且能够自成体系。在思想政治教育中，思想以思想政治教育理论的形式存在。当人们开始认同和接受客观存在的思想时，这些思想便会被转化为个人的思想，由此也就有了主观性。思想可分为主观层次与客观层次。主观思想通常会根据人的变化而发生变化，客观思想会一直以意识形态保存着，并不会发生改变。思想政治教育中的思想内容具有层次性，不同的参与者会有不同层次的思想内容。首先，道德观念是构建个人思想的根本，每个人内心深处都隐藏着某种独特的道德观念。其次，一个人的格局决定了他的思想，每个人的格局都是不同的，因此他们的思想也是不同的，进而就会出现思想差异。统治阶级的思想主要是以意识形态性为核心，而社会大众的思想主要是以政治性为核心。

2. 思想与人

脱离人而单独存在的思想是抽象的。如果思想脱离了人，那么就会失去思想政治教育的针对性。客观思想可以转变为人的主观思想，但这需要客观思想深入人心，当新的思想与人原本拥有的主观思想相融合时，在主体思考、融汇的过程中，客观思想才能转变为主观思想，才能伴随着人的活动，不断被充实、丰富。思想政治教育通常会有两个参与者，分别是思想政治教育的实施者和思想政治教育的受教育者。思想政治教育的实施者一般情况下是统治阶级或者具有政权主体的人，而受教育者一般是自然人。可见，只有当思想与人紧密结合时，人们的思想才能得到塑造，并对思想政治教育内容的实现程度产生主观影响。

3. 人的思想与社会环境

要从多个角度对人的思想进行考察，不仅要向内观察，还要向外观察，这里说的向外观察就是通过与社会环境相联系，观察环境对人的思想影响，以全面认识人的思想。人的思想主要有个体思想与群体思想，这两种思想都与社会环境有着紧密的联系，即社会的变化会影响人的思想，而人的思想也会使社会意识改变。由此可见，人的思想具有社会性。每个人都受到社会的多方面影响，包括家庭、学校和工作等。同样，每个人都希望有群体的支持和保护，以便更好地适应社会环境。思想政治教育内容不只有被动学习，还有主动学习。通常情况下，主动学习是指人们在社会环境中，潜移默化地受到各种消息的影响，主动去了解周边所出现的各种信息，从而提升自身的思想境界。人的思想与社会环境相互作用，两者横向联动，使思想政治教育内容能够进入人的思想中。

（三）过程与目标：思想政治教育内容的实现

在对思想政治教育的内容筹措和人的思想结构有了深入了解后，下一步就是思想政治教育内容的实现。实现思想政治教育内容的基本途径是将外部的理论知识转化为思想政治教育的内容，并将其融入人们的思想中，进而转化为个人的观念。在这一实现路径中，外部理论经过层层转化，逐渐融入思想政治教育内容，使思想政治教育内容呈现出多层次的特点。除此之外，人的思想也是多层次的。无论是在思想政治教育的内容方面，还是在人们的思想方面，都表现为由外而内的发展方式，使思想政治教育在进入人的思想中也是由外而内的，证明了思想政治教育内容的实现路径是有层次的。

1. 外部理论转化为思想政治教育内容

外部理论是支撑思想政治教育内容实现的基础。外部理论是指顶层设计理念（国家方针政策与指导思想）、中层管理理论（社会管理评估标准）与具体实施理论（基层实施细则），它们分别与国家层面、社会层面、基层层面相对应。此外，外部理论还涵盖了西方的思想理论，以及不断涌现的随着时代变化而产生的理论。因为外部理论拥有的知识十分复杂且庞大，所以只有思想政治教育理论工作者对这些内容进行认真筛选与辨别，才能将其转化为思想政治教育内容。思想政治教育内容可分为顶层思想政治教育内容，中层思想政治教育内容和基层思想政治教育内容。无论是哪一层次的内容，都包含着意识形态、政治、思想、道德等多方面内容。同时，由于外部理论包含的内容十分多样，要想将这些内容融入思想政治教育内容，就需要思想政治教育理论工作者有针对性地选择适合的内容，根据国家的意识形态要求、思想政治教育内容的需求、社会的意识需求，运用一定的思想政治教育理论框架来实现这一目标。但要注意一点，如果只是将外部理论简单地生搬硬套到实践中，不仅无法让人们对其更好地理解与实践，反而还会导致思想政治教育内容太过烦琐，最终会影响到思想政治教育工作的正常开展。

2. 思想政治教育内容进入人的思想

从共同特征上来说，思想政治教育内容与人的思想都有层次性。从时间角度来看，思想政治教育内容与人的思想有着时间上的先后顺序。因此，在具体的实践过程中，我们应该先关注人的思想，因为人的思想决定了接下来的思想政治教育内容，在这一过程中，人的思想就是接受者，主要接受思想政治教育内容的输入。但是从整体准备阶段来看，两者却是同步进行的，没有时间上的先后顺序。思想政治教育内容进入人的思想是一个不断接受和转化的过程。思想政治教育学科理论提出的要求、思想政治教育宣传系统提出的主张，在没有经过转化的前提下，无法变为实际存在的思想，也不是思想政治教育的内容。只有在经过思想政治教育理论工作者的转化后，才能成为真正的思想政治教育内容，从而才能与人、社会产生互动，影响人的思想。在这个过程中，思想政治教育内容会经历一系列活动，即思想—人的思想—社会互动，层层递进，进入人的思想中。然而，要注意的是，人是思想政治教育的中心，也是筹备思想政治教育内容的主体，所以在进行思想政治教育时，我们必须充分认识到人的主体性，这对于教育内容渗透到人的思想中起着重要作用。在思想政治教育内容进入人的思想过程中，会受到人的主观能动性的巨大影响。因为思想政治教育的效果取决于人们是否愿意接受这一教育，如果人们从主观上就不接受这一教育，那么思想政治教育的有效开展将会变得非常困难。同时，思想政治教育内容在公众心目中的地位与其被传播和理解的程度紧密相连。如果思想政治教育的核心内容不能被有效地传递和理解，那么其对人们思考方式的影响也会受到很大的制约。

### 3. 思想政治教育内容转化为人的观念

思想政治教育内容进入人的思想，是一种被动接受过程，而将思想政治教育内容转化为人的观念，是一种内化的过程。通过这种过程的变化，能够看出思想政治教育内容是一种由外到内的实现过程，符合以人为本的思想政治教育原则，达到了实现思想政治教育内容的最佳效果。首先，思想政治教育内容转化为人的观念是一个内嵌的过程。需要注意的是，思想政治教育内容进入人的观念，旨在将新的思想政治教育主张融入人的思想观念，让其成为人的观念中不可或缺的一部分，并非取代个人原有的观念。其次，思想政治教育内容为人的观念，是一个潜移默化的过程。我们内心深处存在着潜意识，对人的思想有着重要的影响。只有当思想政治教育符合人们的潜意识需求，人们能够主动接受时，思想政治教育内容才能转变为人的主观思想。基于此，思想政治教育出现了一个新的研究内容，即研究思想政治教育与潜意识的关系。最后，思想政治教育内容转化为人的观念也是一个需要认可的过程，人的主观思想要先认可思想政治教育内容，再将其逐渐内化为人的观念，最终将其外化于行。

思想政治教育内容的实现需要经过一系列逐渐深入的过程，包括从外部理论到思想政治教育内容和思想，再到人的观念。这是一个涉及多个层面、逐步加深的过程，需要思想政治教育理论工作者持续不断地进行深入发掘。

## 四、思想政治教育内容构建的时代性

通过时代能够反映出人类生存和活动的时间，时代用于确定特定历史阶段的社会历史运动情况。人类的活动与结果都会受到所处时代的影响，因此，人的活动与结果具有时代性。通过时代性这一特征，能够了解到许多重要信息，不仅能够了解社会新的发展方向，还能了解历史发展的新趋势、社会经济与政治文化变化的新格局，以及人类文明进步信息等内容。在思想政治教育过程中，思想政治教育内容是最为重要的组成部分，通过对思想政治教育的观察，可以知道当前时代的特征与风貌。因此，在设计思想政治教育的内容时，我们必须确保这些内容能够体现出时代性，并与时代的需求保持一致。我们需要对思想政治教育内容未来的发展方向进行深度探讨和研究，以改革创新的精神，构建思想政治教育内容，使其更具有时代感、现实性、针对性和亲和力，从而提高思想政治教育的科学性和有效性。

### （一）体现思想政治教育内容的时代感

在如今的世界发展中，改革成为这一时代最为显著的标志。因此，思想政治教育也要紧跟世界发展潮流，积极进行改革创新，确保能够跟上时代的步伐，符合时代发展的需求，还要确保其内容能够与时俱进，不被时代所遗弃。

现代思想政治教育的本质要求就是增强时代感。只有与时俱进，思想政治教育才能真正充满活力与生命力。随着时代的发展变化，思想政治教育要想确保自身的科学性，就需要不断地进行改革与创新。思想政治教育只有与时俱进，才能将思想政治教育的目的性体现出来，才能将思想政治教育的实践性与超越性的本质属性体现出来。时代的发展需要思想政治教育的支持，而思想政治教育也需要始终坚持与时代同步，这就要求思想政治教育不仅要敏锐察觉时代的变化，还要准确把握时代主题，积极顺应时代的发展要求。要实现这一目标，我们需要在思想政治教育中推行并贯彻落实改革创新和与时俱进的理念。除此之外，我们还需主动迎接变化，探究新形势，以便解决出现的新难题。

时代进步与社会发展的过程中蕴含着丰富思想政治教育资源。面对国际环境、经济基础、制度背景、社会状况、传播手段等方面的重大变化，我国现阶段社会主义现代化建设与社会进步所提出的新的挑战，以及学习者在思维方式上的现实转变，思想政治教育都需要跟上现代社会与人类前进的步伐。它需要我们从学习者所处现实的社会环境及社会背景出发，对教育资源进行深度挖掘，不断调整与补充，同时还要不断更新思想政治教育核心内容。在经济全球化的影响下，我国的社会发展也呈现出新的特点。因此，要想让思想政治教育内容牢固地建立在现实基础上，就需要在思想政治教育内容中融入全球化、信息化、市场化的时代性内容。同时，思想政治教育内容体系还要根据多种因素的变化，及时进行调整与完善，不仅要根据受教育者的特点变化进行调整，还要根据国内外的政治经济形势的变化进行调整。在对其内容体系进行调整的过程中，要有选择性地调整与继承，我们不只是要延续传统教育的核心思想，还需确保它能满足新时代社会成员的基本素质需求。我们应当积极接纳社会主义主流思想中的先进的全球文明理念，以开阔的视角和全球化的思维来思考和应对各种挑战。我们有义务去学习和吸收新的思维模式、新的观点、新的知识、新的信息和新的技术，从这些理论中提炼和总结新的观点，以便不断更新思想政治教育的内容，使其具有前瞻性、先进性，能反映时代的发展特点。为了确保教育能跟上时代发展的潮流，我们必须从现实情境中筛选出那些充满活力的教育资源，总结出与当前时代和国际趋势相符的现代思维和观点，从而构建具有当代特色的思想政治教育内容。我们应当运用充满时代性的思想和精神，影响受教育者，利用现代传播方式传递最新的知识、观念和思想，促进符合时代价值观和人格精神的素质的培养和弘扬。这样，我们的思想政治教育将会更有活力和生机，更能引起受教育者的共鸣。

### （二）注重思想政治教育内容的现实性

只有思想政治教育所传递的知识和价值观符合社会和个人的生活需要，它才能够被受教育者认同和接受。我们要注重思想政治教育内容的实际运用，加强它与学生的联系，确保学生在教学活动中能把注意力集中在现实生活中，在教育实践中找到问题的答案和解决办法。

在不同的时代发展中，人们也会有不同的生活方式与生活内容。因此，受教育者的思想与观念能够反映出社会现实。社会现实对人的价值取向与思想道德水准有着潜移默化的影响，还限制着思想政治教育的有效范围。因此，思想政治教育的有效性主要受两方面因素的影响，一是教育内容能否有效贴近社会现实与受教育者的思想实际；二是教育内容是否能够有效地与受教育者的思想发展的特点与规律相结合。从教育实践来看，如果思想政治教育的内容过于理论化、脱离现实生活，人们很容易失去兴趣，甚至产生反感和排斥情绪。如果教育内容缺乏现代气息，与现实生活脱节或不相符，就会导致人们在面对现实问题时感到迷茫和困惑，从而影响教育的效果。为了解决这个问题，需要对思想政治教育的内容进行改革和创新，使其更加具备现实性。若想使思想政治教育更加生动有力，必须使教育内容紧密关注并反映当下社会的真实情况，这样教育才能更有说服力。

通过思想道德可以看出在一定的社会历史时期中人与人之间的特定利益关系，也就是对利益的调整。人们各种思想问题的出现，既有主观原因，也有客观原因；既有物质层面的原因，也有精神层面的原因。一般情况下，除去那些思想意识问题与思想认识问题，人们的思想问题都是由于工作、生活与学习上的矛盾而出现的，并且也都与自身利益相联系，同时也会受到自身情绪的影响。在进行思想政治教育时，要多多关注人们的实际生活情况，除此之外，还要多多关注人们在现实生活中所面临的问题与矛盾，仅仅进行纯粹的思想灌输，会造成人们表面认同，但内心并不赞同这一现象，或者问题在短时间内得到解决但并无长久效果。正是由于人的多样化，使得人们面对的现实问题也呈现出多种多样的形式。

21世纪我国进入新的发展阶段，社会发展呈现多元化特征，即社会利益格局多元、社会群体多元、社会价值多元。在这一发展阶段有着复杂的社会问题，并且与人民群众的利益相关联，如就业、教育、社会保障、收入分配、医疗、住房、社会治安、安全生产、环境保护等。这些问题不仅是社会的热点问题，也是群众最为关心的问题。为此，思想政治教育内容需要坚守实事求是、紧扣现实、贴近受教育者的原则。同时，注重人文关怀、提供心理疏导，尊重每个人的个性，理解他们的困境，关注他们面临的压力与苦恼，以满足不同人群在工作、学习、人际交往、婚恋、择业、健康、生活等方面的需求为目标，开展务实且具有针对性的教育。同时，还要对群众所关心的问题进行答疑解惑，关注大学生的成长，解决大学生遇到的现实问题，如经济、情感、就业、心理等。我们要始终贯彻思想和实际的有机结合，帮助教育对象在思想上得到开拓和觉悟，在生活中给予其温暖和实惠。将思想教育贯穿于实际问题的解决中，引导群众提升精神境界。

### （三）提高思想政治教育内容的针对性

思想政治工作的成效如何，在很大程度上取决于思想政治教育是否有针对性。

这里所说的针对性是指思想政治教育的指向性。思想政治教育的指向性主要包含教育对象的指向性和教育内容的指向性。

在需求驱动、利益调节、价值参与、实践锤炼的共同作用下，才能使受教育者的思想形成并发展。只有受教育者清楚地认识到事物同主体的需要、价值追求密切相关时，才有可能深入地观察和改造，使之更加完善。所以，能引起受教育者兴趣、并满足受教育者需求的信息才是被其重视并使用的信息。为了确保思想政治教育深入人心，使其变成受教育者愿意主动学习的内容，我们需要从受教育者的接受程度和特性出发，深入思考教育内容是否可以被接受。在实际的教育实践中，我们可以观察到，人们在不同的层次、种类和预期中所选择的内容存在差异，而对于相同的教育内容和模式，他们的反应也各不相同。因此，这些因素将直接影响思想政治教育的正效果、零效果与负效果。思想政治教育的正效果体现在教育者进行的各种教育活动不仅对受教育者的思想产生了积极作用，还激发了他们一系列积极的行为和潜在的正面因素。思想政治教育的零效果，意味着教育并未达到预期的效果，接受教育的人并未受到教育者的适当引导。思想政治教育的负效果是指，在实际的教育过程中，教育者不但没能充分展现其潜在的正面作用，反而可能引发学生的反感情绪。目前而言，思想政治教育在科学性和实效性方面取得了显著的提升。但由于受多方面因素的影响，思想政治教育在某些方面可能存在不足，如针对性不够强、感受体验不够深刻或真实性不够高等"失效"问题。

随着改革开放理念的提出，人们的思想与社会生活也发生了翻天覆地的变化，这也为思想政治教育带来了新的挑战。尤其是人们的生活方式向多样化方向转变，使思想政治教育对象的思想观念表现出了更加复杂与多元的特征。同时，由于社会的快速发展，人们的科学文化水平逐渐提升，在社会主义民主法治建设的背景下，人们越来越重视民主平等，开始在思考中辨别是非，寻求真理。另外，人们的生活水平在不断提高，生活节奏在不断加快，这使人们开始注重社会文化生活，这一表现在青少年中尤为突出。随着人们对社会文化生活的重视，加上现如今科技的快速发展，大众传媒的使用范围越来越广，有越来越多的人开始接触大众传媒，进而使社会更加开放，人们的社交范围也在逐渐扩大，社会上的各种信息开始对人们的价值观和思想观念产生影响。人们的思维方式和价值观念出现了很多新的特征。从认知的角度来看，相对于那些空洞的言语，人们大多都喜欢亲自体验、感受与了解，喜欢务实。具体表现为在人生理想上人们会更加偏向实际，在价值标准的选择上会注重实用性，在行为选择上会注重实惠等。从价值取向的角度来看，人们更加注重个人的发展、成就、权益与幸福，开始注重当下的生活状态、物质生活等。可见，随着改革开放，社会的各个方面都发生了深刻的变化，如人们的基本观念，人们对社会本质与生存质量的理解，人们对个人与社会、权利与义务关系的思考等。这些变化的产生，不仅是历史发展的必然，更是时代进步的要求。但总的来说，其本质和主流的成分还是思想进步。然而，我们必须认识到，在大规模社会变革的背景下，社会上的各种矛盾错综复杂，随之而来的是人们思想上的矛盾不断浮现，导致人们感到迷茫、困惑，甚至可能影响个人的人生价值观和生活方向。因此，思想政治教育需要投入更多的精力和资源，通过各种途径进行教育、引导、解释，提高教育的针对性。

为了更好地实施思想政治教育，让其具有针对性，我们需要对社会新变化有准确的了解，科学观察受教育者思想的新特征。我们还需要对不同社会群体和生活环境下人们的思想状况及其变化规律进行深入研究，探究不同时期和领域人们的思想活动情况。同时，我们要关注和解决受教育者面临的现实思想问题和实际问题，全面尊重、理解、关心和关爱每一位受教育者。除此之外，要想提高思想政治教育的针对性，还需要及时调整与完善教育内容体系，使其能够适应社会形势变化的需要。可以在教育内容中增加一些能够解决人们实际问题的内容，真正为人们的现实生活提供指导和引导，使思想政治教育不仅具有原则高度、教育力度，还能解决方向原则问题与个人现实问题。需要注意的是，这里所说的针对性是指在系统性与完整性的基础上进行的教育。总的来说，思想理论有时候会与人类生活脱节，这种情况分为两种。一是思想理论脱离现实的具体情况，只停留在理论憧憬的层面上，这种情况下它就变成了没有实质内容的想象。二是当思想理论毫无目的地顺应现实时，它就会变成一种不具有现实意义的僵化成分。这让我们更加深刻地意识到，在构建思想政治教育内容时，需要充分考虑当前的时代背景，使教育内容真正具有针对性。

**（四）增强思想政治教育内容的亲和力**

思想政治教育的亲和力是指在思想政治教育实践活动中，受教育者能从中感受到亲切，产生和谐、亲近的感觉。思想政治教育的亲和力主要分为内在亲和力和外在亲和力。内在亲和力是思想政治教育内容的真理性所具有的内在感召力；

外在亲和力是教育者的人格魅力、理想的教育过程等外在因素的亲和力。思想政治教育内容的亲和力，是指教育内容与受教育者之间的相互影响和融合状态。它能够吸引、感召和说服受教育者，使他们更容易接受并愿意积极参与思想政治教育。思想政治教育应该注重适应受教育者的特点，加强知识性内容的培养，创新话语体系，从而增强思想政治教育的亲和力，让受教育者更容易理解和接受教育。

要增强思想政治教育内容在贴近受教育者上的亲和力，这是因为只有思想政治教育内容与教育对象的内在要求相贴近，受教育者才能接受并认可思想政治教育。受教育者内在高层次的精神追求是主体尊严。应该特别注意，思想政治教育内容贴近受教育者具体表现在以下三点。一是要注重受教育者的主体地位，在教学过程中充分理解并信任受教育者，发挥受教育者主体性，保证其人格尊严、权利、价值和个人成长受到充分尊重。二是要与受教育者的现实思想和生活相贴近，我们有责任深入研究受教育者在生活、成长、心理需求、情感状态、个性发展及价值实现等多个维度上的各种问题，目的是用真挚和真诚的态度去激发、感动并滋润他们。三是用时代、积极的眼光看待受教育者，根据社会的实际需求，满足他们对关心、激励、学习和个人成长的期望。为了使思想政治教育更贴近受教育者的日常生活、思考方式和内在情感，我们应当以更加平等的姿态、更加平和的态度对他们实施思想政治教育。

## 第二节 思想政治教育的特点和规律

在社会发展的新阶段，只有抓住重要的发展时机，坚持贯彻科学发展观、走可持续发展道路，才能实现全面建成小康社会这一战略目标。在实现这一目标的过程中，最重要的一点就是育人，只有将人教育好，才能提升整个中华民族的思想道德素质与科学文化素质。

### 一、思想政治教育的特点

#### （一）思想政治教育具有鲜明的政治性、意识形态性

思想政治教育的阶级性、党性、政治性和意识形态性等本质特点在阶级社

中，一直被人们重视。随着社会的不断发展，世界朝着经济全球化趋势发展，人们对思想政治教育的本质特点出现了有意或无意的淡忘现象。甚至在高等教育或理论工作者中，也会出现这样的情况。这种现象背后存在着诸多原因：一是随着全球性问题的增多，人们误认为要对其进行重点关注，于是在教育方面就要求人们在看待问题时要具有世界眼光，这也就导致思想政治教育逐渐丢失了其阶级性与意识形态性。二是人们认为对外交往不再以意识形态为依据划定边界，而是要跳出意识形态与社会制度的界限去寻找共同之处，寻求和平和进步。三是受到西方思想流派的深刻影响，人们错误地认为，经济的全球化将不可避免地引发政治、文化的全球化和同质化，因此，强烈推崇一种抽象的普遍性论辩。在实际的思想战场上，思想教育、道德教育、法制教育等都是意识形态的重要组成部分。它们彼此之间存在一种既对立又相互推动的联系。在意识形态的领域里，不论是无产阶级还是资产阶级都在试图占据意识形态的主导地位。在这样的背景之下，意识形态的斗争变得不可避免。

1. 提倡全球道德并不排斥和否定道德的阶级性

尽管世界范围内存在着越来越多的问题，但世界各国应该加强合作，共同解决问题，努力推广普遍的道德规范，这并不意味着我们就能忽视社会中的道德阶级性。在阶级社会里，道德和道德教育的阶级性十分明确，这是因为道德本身就是从经济利益与阶级利益中引申出来的。在千百年的社会发展中，社会逐渐产生了公共生活准则与社会公德，这使得道德不仅具有阶级性，还具有全人类性。

2. 对外交往不以意识形态划分并不等于我们放弃马克思主义的指导地位

在对外交往的过程中，为了能与其他国家和政党发展友好关系，通常会超越意识形态和社会制度的差异，通过求同存异来实现这一目标。之所以采取这一正确的方针，是因为它吸取并总结了过去在外交领域的教训。这一方针的指引，能够促进我国与各个国家在经济、政治、文化层面的交往关系。从马克思主义的角度来看，意识形态和社会制度的问题不能仅仅通过"输出"的方式来解决。各国人民对本国的发展道路通常持有不同的选择，我们应该保持尊重。我国在对外交往中，虽然不会严格按照意识形态划分等线，但这并不意味着我们会淡化意识形态，也不意味着我们放弃了马克思主义的指导地位。在改革开放过程中，只有坚持并坚守马克思主义，才能确保不会走向错误的发展道路。

3. 经济全球化并不等于可能带来政治制度趋同化、文化同质化

在当今社会中，经济全球化已经成为一大发展趋势，资本主义国家一直在主导经济全球化的发展，其希望通过这种发展态势，达到由资本主义国家统一世界的目的。与此同时，资本主义国家也希望通过经济全球化来构建单极世界，以保证自己始终位于霸主的地位。为此，西方国家领导人对经济全球化、政治全球化和文化全球化都给予了过分的推崇，也对资本主义的思想和社会制度进行了大力宣传。在现实中，经济全球化不仅没有消除多极化和多元文化，反而为多极化的深入发展创造了条件。在共产主义变为现实以前，"全人类共同的文化价值观"这一思想被认为是抽象的普遍观点而没有在特定的历史语境中充分体现出来。如果普遍性与特殊性没有直接关系，就会被视为不科学，违背唯物辩证法基本原则。

卡尔·海因里希·马克思（Karl Heinrich Marx）、恩格斯曾深刻地揭示了阶级社会中社会意识的发展规律，明确指出："统治阶级的思想在每一时代都是占统治地位的思想。这就是说，一个阶级是社会上占统治地位的物质力量，同时也是社会上占统治地位的精神力量。"[①] 我们所开展的思想政治教育工作是马克思主义理论体系中一个重要组成部分。只有加强人们的思想政治教育，才能确保马克思主义在意识形态领域中始终处于主导地位。只有从政治角度对其进行深刻的论述，才能更好地为人民、为社会主义服务，进而推动整个社会主义的进步，实现个人的全面发展。

**（二）思想政治教育具有很强的渗透性**

思想政治教育就是要教育人怎样建设社会主义，无论是从思想政治教育的实体性方面来看，还是从思想政治教育的寓它性方面来看，都能反映出"经济建设的政治经验"。在开展思想政治教育工作时，要求与经济、业务、管理共同进行，只有这样思想政治教育才具有实效性与生命力。这一方式最早在革命战争年代就已经出现，当时社会以阶级斗争为纲，以夺取政权为中心任务，所以革命战争时期思想政治教育以实体性教育为主。但是在我国社会主义现代化建设阶段，随着经济建设与社会发展范围越来越广，对于思想政治教育渗透能力也有较高标准，要求思想政治教育贯穿于日常生活、经济发展和国民教育等方面。因此，新时期思想政治教育应立足于生活化的理念进行改革。另外，在现代化阶段，思想政治

---

① 张蔚萍. 思想政治工作知识辞典 [M]. 石家庄：河北人民出版社，1990：184.

教育要能推动各行各业的发展。只有把实体性思想政治教育同经济建设密切联系在一起，才能够使思想政治教育真正地起到应有的作用。只有当我们将思想政治教育与经济业务紧密融合，深入地、细致地推进，才能实现潜移默化的影响。只有思想政治教育贴近实际、贴近群众、贴近生活，才会被视为真正有成效的教育，才有必要着力强化思想政治教育。社会主义现代化进程是个紧密相连的整体，在这个过程中，各行业对社会主义现代化建设都起着推动作用。在这个有机的整体中，思想政治教育占据着十分重要的地位，并且还有其特殊职能，具体是指通过自己的努力，为各行业坚定不移地坚持社会主义方向，为建设任务的实现提供思想支持和精神激励。所以，思想政治教育工作必须与各行业紧密联系，这样才能为各行业提供精神动力与方向保证。在社会发展新形势下，保持思想政治教育的渗透性，才能实现思想政治教育的科学化，提升思想政治教育的艺术性。

**（三）思想政治教育具有显著的民主性和主体性**

随着政治文明的不断发展与科学技术革命的不断变化，加之社会主义市场经济体制的建立，人们开始逐渐增强民主意识，主体性也日渐被人们所重视。这里所提出的主体性，是指在认识与改造客观世界的过程中，人在其中所表现出的自主性、独立性、创造性与能动性。人是主体，只有人具有主体性。但这并不代表着在任何时候人都是主体，都有主体性。从某种程度上来看，思想政治教育的本质就是促进教育对象的自我教育，并唤起教育对象的主体性。因此，只有实现了这一本质目标，才是真正的思想政治教育，才能达到思想政治教育的目的。在新的时代背景下，思想政治教育呈现出民主性和主体性特征。民主性与集中性、纪律性相对应，主体性与客体性相对应，两者的关系十分密切。在过去，由于只是片面地讲集中、统一、客体性，因此留下了深刻的教训。现在要改变这种片面的看法，不能片面地讲民主性与主体性。必须清醒地看到，只重视主体性，忽略客体性，是不现实的。主体性和客体性互为补充、互相交织。

## 二、思想政治教育的规律

**（一）主导性与多样性统一规律**

多元并存和一元主导是阶级社会意识形态在思想文化领域中存在与发展的普

遍规律。在这个多元思想共存的时代背景下，在思想政治教育的思想体系中占据统治地位的思想也将会拥有主导力量。在社会变革的时代背景下，关于指导思想应该多元并存还是一元主导的问题变得尤为突出。在思想道德的领域中，经济基础决定了一元主导的前提条件是多元并存，这一现象在阶级阶层利益中有所体现。从社会生活的角度看，思想道德的类型是由经济所有制与阶级阶层决定的，但在多样的思想道德类型中，仅有统治阶级的思想道德起到了主导和支配的作用。通常情况下，思想现象的存在方式是多元性的，指导思想的存在方式是一元性的，两者密不可分。在过去的思想中，多元并存现象并不被人们所认可，但实际情况却是，多元并存现象是一元主导的前提，两者相互作用，相互联系，有多元并存才有一元主导。也正是因为一元主导，才使得多元并存能有序发展。对于那些想要倡导指导思想多元化的人，他们不是不提倡一元化的指导思想，而是想让资产阶级思想成为一元化的指导思想，因为他们反对以马克思主义、社会主义思想为指导思想。资本主义社会本就是具有剥削性质的阶级社会，但是资本主义为了掩盖这一事实，试图宣传自己的社会是民主社会，这一弄虚作假的行为并不是马克思主义所倡导的。马克思主义始终坚持真理，不会对虚假的事实进行掩盖，敢于公然承认马克思主义的阶级性与党性实质。

以下几点为自觉遵守与坚持思想政治教育的主导性与多样性统一规律提供了借鉴方法。

一是在意识形态领域中，我们要坚持马克思主义的指导地位。在中国共产党发展前进的道路中，马克思主义为其提供了方向：因此，要把马克思主义作为加强和改进思想政治教育工作的中心思想和共产党执政的根本原则。为此，对党的理论建设必须予以高度重视，着力把马克思主义核心理念同中国实际结合起来，把与时俱进的理论创新视为保持党的先进性、增强创新实力的重点工作。唯有如此，我们才能够真正做到正确地把握我们社会发展的方向。现阶段需要集合一切优质资源深化马克思主义基础理论研究与建设项目。

二是要将马克思主义理论与思想政治教育学科定位于一级学科，并给予其高度的重视，这样才有助于弘扬和继承理论建设与思想政治教育的优良传统。同时，把马克思主义理论和思想政治教育学科的研究和建设放在更突出的位置上。此外，还要为马克思主义理论与思想政治教育学科的研究与建设提供制度保障，使研与建设能得到有效落实，重新加强人们对这一理论与学科的认识。

三是要提高与思想政治教育有关人员的马克思主义理论素养，如领导干部、党务和政工干部等，深化他们对马克思主义理论的理解和认识。当我们进行思想政治教育活动时，我们必须始终遵循并坚守主导性的原则，最关键的一点是要坚持党的领导。在各个层级的领导岗位上，为确保坚定拥护马克思主义的人能够始终保持领导地位，强化对领导干部的理论培训至关重要，这将有助于加深各级领导和政工干部对马克思主义理论的理解。若想真正加深对理论的理解，关键在于重视学风的塑造和发展。在加强干部对马克思主义理论学习的过程中，确保将理论知识与实际应用紧密融合至关重要。只有这样，干部才能更深入地理解马克思主义，真正把握马克思主义的核心思想和立场，避免干部对马克思主义出现误解。

四是要重视并加强大学生的思想理论教育。在今后的现代化建设中，由高等学校（以下简称"高校"）提供社会主义现代化建设所需人才，党政军的领导干部也将从高学历的人才中进行选拔。可见，国家发展的前途与命运，与大学生的思想政治素质紧密相关。要想避免、防止我国被西方势力"西化"，需要加强大学生的思想理论教育，确保大学生不会被西方思想所影响，提升大学生分辨是非的能力，不断推进马克思主义中国化。

五是要积极弘扬社会发展主旋律。正确处理思想文化领域中的各种问题，如继承与发展、借鉴与创新等。在思想文化领域，要始终坚持集体主义、爱国主义、社会主义思想的主旋律。但需要注意的是，不能以单一的模式进行宣传与教育，而是要选用具有生动性、多样性的形式去表现科学的思想内容。在社会发展中，总会出现各种不同性质的思想，这些思想的存在与表现都应该符合法律规定。随着改革开放，对外开放范围的不断扩大，西方思想开始进入中国，影响着人们的思想观念。这就需要人们遵循客观规律，通过理论联系实际教育，对社会思潮中的不同思想进行辨别，明确区分马克思主义思想与非马克思主义、反马克思主义的思想，从而阻止错误思想的发展。

在借鉴国外思想文化时，要遵循"取其精华、去其糟粕"的原则，积极借鉴、吸收国外有益的思想文化，处理好借鉴与创新的关系，做到"洋为中用"。与封建社会创造的思想文化相比，资本主义社会创造的思想文化更具有历史进步性，包含了工业文明与社会化大生产客观规律，这对于国家的发展有着十分重要的借鉴意义。要在马克思主义的指导下，根据中国的国情，有针对性地借鉴、创造性地运用。

**（二）社会化规律**

在思想政治教育的发展过程中，应该始终坚持思想政治教育社会化的原则。坚守这一原则主要有以下几点优势。第一，能够避免思想政治教育出现孤立化倾向。这是因为思想政治教育的发展需要多方共同努力才能实现。第二，能够避免思想政治教育出现封闭与僵化的现象，这样有利于让思想政治教育融入社会和日常生活中。坚守社会化原则，不仅能持续对思想政治教育资源进行开发，还能解决思想政治教育与实际相脱离的问题。第三，有助于改变思想政治教育主体的思想观念与工作模式。这是因为教育主体在社会实践和交流中通常需要与各种社会思潮建立联系，这有助于提高他们的判断和选择能力，从而更好地满足社会发展和变革的需求。在当前经济全球化和社会信息化的大背景下，以社会化为准则进行思想政治教育显得尤为重要。思想政治教育可以全面贯彻以下两条社会化路线，以遵循与坚持社会化规律。

一是在思想政治教育的社会化过程中，其社会化路线可以按照由外而内的方式进行。从唯物史观的核心观点来看，社会存在决定社会意识，而这种意识又服务于社会存在。从思想政治教育内容的视角来看，它也遵循了这一规律，社会存在对思想政治教育产生了决定性的作用，思想政治教育也为社会存在提供了服务。因此，思想政治教育在其目标设定和实际行动中，都应与社会的进步方向保持一致，以满足社会发展的基本需求为中心导向。为了更好地满足社会对思想政治教育的各种需求，我们必须持续地调整和优化思想政治教育的目标和行为，确保思想政治教育的各个方面都能更好地融入社会，从而加速其社会化的步伐。

二是在思想政治教育的社会化进程中，其社会化路线可以按照由内而外的方式进行。这种社会化路线注重发挥个体的主体性。在主体之间的互动交流中，能够达到双方相互促进的目的，能够有效地进行社会化，使思想政治教育的方法和程序得到最优化，同时也能有效地影响到外部环境，从而推动社会的改革、进步和发展。

**（三）主体间多向互动规律**

在思想政治教育中，主体之间的多向互动规律具有深刻性与科学性的特点，这主要体现在以下四个关键方面。第一，我们必须清楚地认识到，思想政治教育更倾向于培养学生的主体性，这与传统的教育理念和方法有着显著的不同。第二，更多地强调多方面的互动交流，而不是过去仅仅关注教育者与受教育者之间的双向沟通。揭露了参与思想政治教育活动的各个参与方之间的复杂互动关系，这更加契合恩格斯的"历史合力论"观点。第三，强调平等性。在进行思想政治教育的过程中，只要教育者和学习者积极参与多个方面的互动，就有可能建立起民主与平等的相互关系。第四，强调活动性。思想政治教育是一项具体的行为，在这一过程中，各方主体间的多维交互也是一种行为。在传统的观念中，思想政治教育仅仅是一种知识和观念的传递和灌输，而在当今的社会环境下，它被认为是一种参与主体之间的多向互动的自我建构行为。

要想坚持并遵循思想政治教育主体间的多向互动规律，就需要做到以下三点。

一是要树立并拥有活动意识，在这一基础上加强对活动资源的开发。从唯物历史观的视角来看，人类存在与发展的方式就是认识并改造世界，同时在这一过程中，人们也会改变主观世界与客观世界的关系。在思想政治教育工作中，教育主体应当树立活动意识，要改变传统的观念，也就是将原先只注重受教育者的单方面活动转变为让受教育者积极参与的共同活动；将以前注重知识与学科的思想转变为注重人的全面发展与成长；将以前单一的灌输式教育转变为让学生从活动中获取知识的体验式教育。为了实现这一目标，应当对各种思想政治教育资源进行充分利用，同时还要选择合适的教育活动主题，逐步组织与推进思想政治教育活动。在学校教育的实践过程中，首先，要保证第一课堂的教学质量，将德育教育融入第一课堂中，从而解决学生在成长发展过程中遇到的难题。其次，学校要重视第二课堂的发展，将第二课堂纳入学校发展的整体规划中。通过第二课堂的各种实践活动，满足学生成长过程中的各种需求。

二是思想政治教育主体要平等交往。具体体现在两方面，一方面，教育者与受教育者之间的平等交往。教师与学生是平等的关系，同时也是朋友、同志式的关系。另一方面，受教育者之间的平等互动交往。有不少学者进行了研究，揭示了同龄伙伴间的互动与交流对塑造成员道德品质的关键作用。在集体中，每个因素都会对集体内的成员产生一定的影响，并影响成员的品德形成与发展，如集体内的风气与舆论、不成文的规定、从众心理等。因此，要使受教育者形成良好的品德，需要教育者积极引导受教育者参与思想政治教育活动，还需要引导所有成员充分发挥自身的主体性。在这样的交流与互动中，才能够营造一个正面的舆论氛围，从而有助于培育、影响并鼓励每位成员养成正面的道德习惯和逐步形成正面的行为模式。

三是进行思想政治教育时，我们需要构建一个主体性德育模式。这是由当代思想政治教育对象所具有的特殊性决定的。从某种角度看，现代思想政治教育的核心目的和职责是培育能够主导社会事务并具有人文关怀精神的现实主体。为了实现这一教育目标，我们必须构建一个以主体性为核心的思想政治教育模式，也可以称为主体性德育培养模式。这也是我们在新时期所面临的一个重要课题。首先，我们需要改变传统的思想观念，积极地对教育方法进行改革。传统的思想政治教育体系常常过分强调教育者的主体性、思想政治教育的社会价值和社会服务工具的价值，忽视了受教育者的主体性、个体价值、个性培养和促进人的全面发展等核心价值。因此，在进行思想政治教育方法的改革时，首要任务是确立现代思想政治教育的新理念，以民主和平等为核心，以多方互动改革的基础，将单向交流变为多向交流；将封闭式德育变为开放式德育；将重视结论的传授变为重视良好习惯的养成。在改革教育方法时，要确保这一方法既尊重了教育者的主体地位，发挥其主导作用，又确保了受教育者的主体地位，发挥了其主体性。此外，在改革思想政治教育方法时，可以更多地运用新途径与新方法，如互动式、体验式、咨询式、渗透式等。另外，要实现教育情境创设与落实的目标，还需要加强实践环节，这样才有利于更好地调动受教育者的主体性。其次，要高度重视受教育者的个人成长需要，努力提高受教育者的学习热情。传统思想政治教育语境下的思想政治教育接受模式，特别是接受主体的驱动机制已成为决定教育内容发生转变的核心因素，也就是怎样把教育内容变成接受主体的思想品德。为此，主体性德育模式深入展开时，必须加强接受主体的接受机制建设，力求使教育目标和受教育者现实需要密切结合。为保证思想政治教育能更好地与社会环境相适应，有必要对受教育者个人适应能力及其内在成长需求进行深入调研。只有在尊重受教育者合理需要的前提下，才有可能激发其接受动机，逐步提高其需要标准，最终有利于其对教育需要的深入了解与接受，进而由他律走向自律。最后，我们应当把受教育者的主体性作为基石，以进一步塑造和完善他们的个性与人格特质。

我们有责任强化受教育者的主体性，使受教育者深刻理解到自身的核心利益在于全方位地成长和健康成才。只有当教育的目标群体真正理解了这个观点，他们才能真正地为自己的目标付出努力，并从现实中的自我转变为理想中的自我。我们有责任将培养对象的核心技能视为最主要的职责和核心追求。在进行特定的思想政治道德活动时，需要培养主体在道德判断、选择和行为等方面的必要能力。只有受教育者展现出卓越的个人才能时，他们才能适应未来社会在经济、政治和文化方面的复杂变化，逐步成为具有"四有"素质的新一代。

## 第三节　思想政治教育的实践性及当代价值

### 一、思想政治教育实践性的内涵

马克思强调："全部社会生活在本质上是实践的。"[①] 马克思在论述社会生活时，提出了一种全新的观点。他认为，全部社会生活是指人类在社会实践中不断进行的各种物质和精神活动的总和。物质活动主要包括人们为了满足生活需要而进行的生产、分配、交换和消费等活动，这些活动构成了社会经济基础，而精神活动包括文化、信仰、道德、艺术等形式，这些活动丰富了人类社会的文化生活，体现了人类的精神追求。这一观点第一次科学地揭示了社会和人的本质，具有重要的理论意义。

思想政治教育是一项富有实践性的对象性活动，它既致力于改造主观世界，也致力于变革客观现实。这项活动以人为对象，而人是现实的、具体的。在这个意义上，思想政治教育凸显了人的主体性地位，体现了人与社会、人与自然的关系。人作为实践的主体，具有客观存在性。这种存在性主要表现在两个方面：一是人有自己的物质力量，即身体的力量，使人能够从事实践活动；二是人有自己的内在力量，即精神的力量，使人能够有意识地进行社会实践。因此，人是身体力量和精神力量的统一体。思想政治教育以人为对象，关注人的全面发展。这包括人的身心健康、人格养成、知识技能等方面。在实践中，人的身体与灵魂、实践行为与实践观念相互关联、相互影响。因此，在思想政治教育过程中，我们不

---

[①] 顾海良. 马克思主义原理新编 [M]. 北京：国防大学出版社，1997：62.

能将这些方面割裂开来，而应全面关注人的各个方面。首先，人的身体力量与精神力量并非源于虚空，而是在社会实践的过程中，由特定社会的经济、政治、文化等客观条件决定并塑造的。其次，每个人均承担实际工作，生活在特定的客观环境中，尽管人的思想属于主观形态，但其产生与发展的根基及动力，只能是实践活动与客观实际。因此，在进行思想政治教育时，必须以人的实际为出发点，深入剖析人的思想与行为形成、发展、变化的实践基础与客观动因，而不能脱离人的实践活动与客观条件，进行空泛的思想政治教育。最后，思想政治教育具有塑造、改造人的思想，发掘人的潜能，改变人的行为的功能，通过培养良好的行为习惯，实现对象活动的改变，这是主观见之于客观的活动，彰显了思想政治教育特殊的能动性。

思想政治教育源于人类对客观世界和主观世界的不断探索，以实践为基础，充分体现了实践性的本质特性。实践性不仅是思想政治教育的核心要素，更是其价值实现的实效性所在。思想政治教育的实践性，即思想政治教育的现实性与教育价值实现的有效性，其体现为与其他社会实践活动的融合与渗透，它是思想政治教育鲜明且独特的本质特征。

## 二、思想政治教育实践性的特点

思想政治教育是一种深刻且复杂的社会实践活动，它在遵循人们思想品德形成与发展规律的基础上，有目标、有计划、有组织地对特定阶级、政党或社会群体的成员进行引导。这种教育方式以特定的思想观念、政治观点和道德规范为依据，旨在塑造符合特定社会和阶级需求的思想品德。换言之，思想政治教育是对人们进行政治、思想和道德教育的综合体现，具有强烈的实践性和针对性。从实践活动的性质来看，实践活动可以被划分为生产实践活动、社会实践活动和科学实践活动三大类。思想政治教育属于社会实践活动，它是教育实践的一种重要形式。社会实践活动以人为对象，主要包括对现实人的主观世界的认识和改造。人的主观世界，主要包括人的意识、观念世界，以及头脑反映和把握物质世界的精神活动及心理活动的总和。这既包括意识活动的过程，也包括意识活动过程所创造的观念，即意识活动的成果。思想政治教育正是通过对人的主观世界的认识和改造，达到对社会现实的深刻理解和积极参与，从而实现社会和阶级的目标。在实际操作中，思想政治教育需要根据不同的对象、环境和任务，采取灵活多样的教育方法和手段。这包括课堂教学、实践活动、舆论引导等多种形式。同时，思想政治教育还要注重教育内容的更新和拓展，以适应不断变化的社会现实和发展需求。

作为独特的实践活动，思想政治教育体现出鲜明的形而上特质。其核心使命在于培育人的思想政治品德，从而决定了思想政治教育广泛触及人的精神领域。思想政治教育关注的是作为意义载体的人的精神世界，并强调精神世界的建设。我们需认识到，精神生产是一种特殊的社会形式意识生产。在社会存在的领域中，物质生产负责提供满足人们物质需求的实物产品，而在社会意识的领域内，精神生产创造满足人们精神需求的精神产品，包括教育、科学、文化知识的发展，以及人们思想道德水平的提升。值得注意的是，精神生产反作用于物质生产，对物质生产也具有积极影响。马克思和恩格斯的观点认为，精神生产就是意识的生产。它是在物质生产的基础上产生的，"思想、观念、意识的生产最初是直接与人们的物质活动，与人们的物质交往，与现实生活的语言交织在一起的。人们的想象、思维、精神交往在这里还是人们物质行动的直接产物。表现在某一民族的政治、法律、道德、宗教、形而上学等的语言中的精神生产也是这样"[1]，恩格斯也指出："政治、法、哲学、宗教、文学、艺术等的发展是以经济发展为基础的。但是，它们又都互相作用并对经济基础发生作用。"[2] 这表明，思想政治教育是一种独特的"生产力"，它并非直接改变人与社会的存在和发展，而是通过人的精神力量，间接地对人与社会产生深远的影响。这种影响具有双重属性，一方面对个体的精神世界进行塑造，另一方面通过个体的行动，对社会的整体状态及人与自然的关系产生推动作用。

### 三、思想政治教育实践性的发挥

思想政治教育的实践性对于社会的发展和稳定非常重要。思想政治教育实践性可以帮助个人树立正确的世界观和价值观，提高社会责任感和公民意识，促进社会和谐稳定发展。特别是在当代社会，随着全球化和社会变革的加速，思想政

---

[1] 李玉环. 高校意识形态教育若干问题研究[M]. 天津：天津人民出版社, 2008: 02.
[2] 陆贵山, 周忠厚. 马克思主义文艺学概论[M]. 石家庄：花山文艺出版社, 1999: 789.

治教育对于维护社会稳定和促进社会发展更加重要。此外，实践性也是思想政治教育的核心，只有通过实践，才能让人们对知识有更深刻的认识和理解，从而更好地将所学知识转化为行动力，和社会实践相结合，取得更好的效果。要充分发挥思想政治教育的实践性，主要原因有以下两点。

一是社会实践的发展呈现出多样性和快速性的特点。这不仅表现在现实社会空间的实践在不断向前发展，而且在网络领域的虚拟实践也呈现出迅猛的态势。一方面，现实社会空间的实践活动，包括生产实践、交往实践、科技实践等多个方面，这些实践活动在推动社会进步的同时，也为我们提供了丰富的物质和精神生活。另一方面，网络领域的虚拟实践迅速崛起。互联网的普及，使人们可以在虚拟世界中开展各种实践活动，如网络购物、在线教育、虚拟现实等，这些实践活动不仅拓宽了我们的认知范围，也改变了我们的生活方式。在实践活动不断丰富的同时，我们也面临着许多新的挑战和问题。这些新挑战、新问题需要思想政治教育者去研究、认识和处理。如果我们无视和回避当代社会的现实，脱离实际地开展思想政治教育，那么这种教育既会脱离时代，也会脱离群众。

二是人们的认识能力和思想水平随着实践的不断推进而逐步提高。这无疑是对人类智慧的肯定，也为我们带来深刻的启示。思想政治教育作为提升个人思想道德素质的重要手段，其重要性不言而喻。它倡导理论学习、注重自我修养，以促使个体在思想境界和道德品质上有所提升。然而，这些并非是思想政治教育的终极目标。真正的目标是将理论应用于实践，推动实践的发展，为社会创造财富。这一观点在我国的实践中得到了深刻的体现，如果理论不被运用，就会失去其应有的价值，教育也是如此。只有将理论付诸实践，才能真正推动社会的进步。

## 四、思想政治教育的当代价值

### （一）思想政治教育的经济价值

在深入探讨思想政治教育的经济价值前，我们首先需要明确几个关键概念。生产力是指人类在生产过程中创造物质财富的能力，包括劳动者的体力和智力。经济基础是指一个国家的生产力和生产关系的总和，上层建筑是指在经济基础之上建立起来的政治、法律、文化、宗教等方面的制度和观念。物质文明和精神文明是人类社会发展的两个重要方面,前者主要体现在经济活动中,后者以思想政治教育为核心。

首先,从经济基础与上层建筑的关系来看,生产力和经济基础紧密相连,思想政治教育属于上层建筑的范畴。经济基础决定上层建筑,而上层建筑又会反作用于经济基础。这种关系体现在生产力中最活跃的因素——劳动者身上。劳动者具备一定的体力和智力,以及特定的思想意识,他们是推动生产力发展的决定性因素。思想政治教育的目标在于提升劳动者的思想道德和心理素质,从而激发他们在生产过程中的创造性和积极性,进一步服务于经济基础。其次,从物质文明与精神文明的关系来看,经济活动属于物质文明的范畴,而思想政治教育是精神文明的构成部分。精神文明建设需要思想政治教育这样的基本途径和方法。通过提高人的思想认识,培养人的责任心和意志力等,挖掘人的潜能,为物质文明的发展提供精神动力和智力支持。

在我国市场经济飞速发展的背景下,部分人误认为思想政治教育在经济进步的道路上已不具备积极意义。他们主张,只有利益与利润的驱动方能激发劳动者的生产积极性和创造力,为经济发展注入强大的精神动力,提供智力保障。这一观点过于绝对。

首先,过度追求经济利益而忽视自我意识和精神追求,可能导致人们丧失人类存在的最高价值。在这种情况下,他们只能囿于现实世界,与精神世界产生割裂。物质需求的满足永远无法替代精神需求的满足。这也解释了在物质生活水平不断提高的背景下,为何有些人仍然感到生活"贫穷"。其次,人是经济活动的主体。在日常生活和经济活动中,人作为具有思想意识的主体,始终受到一定思想意识的支配。在现代社会环境下,思想政治教育不仅能激发人们的主体意识,培养人们的竞争精神,还能帮助人们树立效益观念、时间观念和科技意识。这些观点和意识在很大程度上塑造了一定时期的经济文化、经济道德和经济思想,即社会意识形态。这种意识形态对整个社会的经济行为价值取向产生影响,从而确保社会主义市场经济的健康有序发展。最后,思想政治教育有助于培养人们的道德观念和人文素养。在追求经济利益的过程中,道德观念和人文素养的缺失可能导致市场经济的无序发展,甚至引发社会问题。因此,加强思想政治教育有助于维护社会稳定,促进经济发展。

## （二）思想政治教育的政治价值

思想政治教育的政治价值是最根本与核心价值，思想政治教育旨在通过教育手段，将社会倡导的主导政治思想内化为受教育者的政治品质，进而塑造符合社会需求的政治品德与行为。这是推动社会主义民主进程、确保广大人民群众行使主人翁权利，以及完成社会主义政治文明建设目标的有力保障。马克思曾经指出："思想的历史除了证明精神生产随着物质生产的改造而改造，还证明了什么呢？任何一个时代的统治思想始终都不过是统治阶级的思想。"[1] 在经济利益方面占据主导地位的阶级，为了巩固自身统治地位，势必需要构建与其经济利益和政治利益相一致的思想理论，并实施有力的思想政治教育。通过这种方式掌控思想上层建筑，维护社会政治稳定，并推动形成和谐统一的政治局面。

当前，我国正处于全面建设社会主义现代化国家的新征程。社会主义现代化并非一个孤立的经济范畴，而是一个涵盖经济、政治、文化、社会、生态文明等领域的庞大系统工程。要实现全面的现代化，我们必须坚持以经济建设为中心，推进民主政治建设和精神文明建设，实现经济建设、政治建设、文化建设三者的协调发展。在这个伟大进程中，建设社会主义政治文明成为我们必须关注的重要议题。政治文明是社会主义现代化的重要组成部分，它关乎国家的政治制度、政治文化、政治生态等多个方面。发展社会主义政治文明，有助于完善我国政治体制，提高党的执政能力和领导水平，促进国家治理体系和治理模式的现代化。思想政治教育作为建设社会主义政治文明的有效途径之一，自然是重中之重。通过深入开展思想政治教育，我们可以弘扬民族优秀传统文化，传播社会主义先进文化，引导全体人民树立正确的世界观、人生观、价值观，为全面建设社会主义现代化国家提供坚实的思想基础。

## （三）思想政治教育的文化价值

思想政治教育实际上是一种深刻的文化传播与渗透过程，在阶级社会中具有显著的特点。统治阶级通过教育、媒体、社会风俗等手段，传播主流文化，对被统治阶级的意识形态产生深远影响。在我国社会中，加强思想政治教育传播与渗透的研究，对于深化意识形态工作，维护国家政治稳定具有重要意义。

---

[1] 王宝根，丁征，王青等. 高校精神文明建设纵横谈 [M]. 南京：河海大学出版社，1997：12.

在当前社会背景下，思想政治教育的主旋律就是要大力弘扬社会主义、爱国主义和集体主义思想。这不仅是维护国家文化安全、增强民族凝聚力的需要，也是推动社会和谐发展、促进全体人民共同繁荣的途径。随着全球化进程的加快，各种文化交融碰撞，文化现象层出不穷。有些文化与社会主义主流文化相悖，对青少年等特定群体产生不良影响。因此，我们必须坚决守护社会主流文化阵地，维护国家文化安全。在文化传播与渗透的过程中，我们要努力营造一个包容、开放、和谐的文化氛围。在这个氛围中，各种文化相互尊重、相互借鉴、相互融合，形成一个丰富多彩的文化体系。这将有助于促进社会主义文化的发展，为实现中华民族伟大复兴的中国梦提供强大的精神动力。

# 第二章 高校思想政治教学设计

本章主要介绍了高校思想政治教学设计，分为以下四个方面：高校思想政治教学目标设计、高校思想政治教学内容设计、高校思想政治教学语言设计和高校思想政治教学评价设计。

## 第一节 高校思想政治教学目标设计

### 一、高校思想政治课教学目标的含义与功能

教学目标既是教学的出发点，也是教学的归宿和教学评价的依据。教学目标不仅具有定向功能，而且能够对整个教学过程进行调控。在整个教学设计的过程中，教学目标的设计与表达无疑是非常关键的一环。

#### （一）高校思想政治教学目标的含义

教育是人所特有的实践性活动。学校教育是有目的、有计划、有组织地培养人的社会实践活动，是一种有目的性的活动。所以，教学目标是教育的起点。

在阐述教学目标前，应首先对"目标关系"进行了解，即教育目的、培养目标、课程目标、教学目标四者之间的关系。要了解这四者的关系必须先弄清楚一个概念：教育目标。因为课程是教育的核心和具体化，所以"课程目标"是"教育目标"的具体表现和具体形式。课程目标处理的是一定学校课程体系或具体课程形态与学生发展的关系问题，而教育目标处理的是整个教育活动与社会成员之间的关系问题，即整个社会教育活动力求使受教育者达到的基本要求或标准。因此，要理解课程目标首先要理解教育目标。教育目标按其内涵和外延，表现为教育目的、培养目标、课程目标、教学目标等不同层级。

教育目的（一级教育目标）：对教育所要培养的人在质和量方面总的规定，"是指教育要实现的总体要求，它所体现和表达的是总体的、最终的教育价值。……它在本质上体现的是反映社会或国家的意志和客观要求的教育观念、教育思想，是教育宏观的、长远的目标，一般是以指令的形式表现出来的，具有很强的稳定性"[①]。

培养目标（二级教育目标）：各级各类学校根据社会发展的需要，提出的对受教育者的具体发展要求，"它是各级各类学校培养人的质量规格。其外延包括各级学校的培养目标，如初等教育的、中等教育的、高等教育的，还包括各类学校的培养目标，如普通教育的、职业教育的、特殊教育的。它是依据教育目的，结合各级各类学校的性质和专业特点制定的。……培养目标是具体多样的"[②]。

课程目标（三级教育目标）：通过某门、某类课程的学习要达到的目标，即学生通过学习要达到什么样的效果，也就是"一定学段的学校课程力图最终达到的标准"[③]。

教学目标（四级教育目标）：通过某门课程的学习所要达到的具体要求，学生通过该课程的学习发生的身心变化，"是课程目标的具体化，是指导、实施和评价具体教学活动的直接依据"[④]。

教育目的决定培养目标的内容和方向，培养目标决定课程目标的内容和方向，课程目标决定教学目标的内容和方向。教学目标是课程目标的下位概念，课程目标是培养目标的下位概念，培养目标是教育目的的下位概念，四者的关系如图2-1所示，四者的区别如表 2-1 所示。

教育目的
↓决定
培养目标
↓决定
课程目标
↓决定
教学目标

图 2-1　教育目的、培养目标、课程目标、教学目标的关系

---

[①] 刘强. 思想政治学科教学新论 [M]. 2 版. 北京：高等教育出版社，2009：74-75.
[②] 王枬. 教育学——行动与体验 [M]. 北京：高等教育出版社，2013：69-70.
[③] 廖哲勋. 课程学 [M]. 武汉：华中师范大学出版社，1991：84.
[④] 高青兰，张建文，郑瑜. 中学思想政治课教学论 [M]. 北京：人民出版社，2014：54.

表 2-1　教育目的、培养目标、课程目标、教学目标的区别

|  | 目标层次 | 规范对象 |
| --- | --- | --- |
| 教育目的 | 一级教育目标 | 整个国家的各级各类学校 |
| 培养目标 | 二级教育目标 | 一定性质和阶段的教育教学 |
| 课程目标 | 三级教育目标 | 具体课程 |
| 教学目标 | 四级教育目标 | 教师和学生 |

教学目标是指学习者通过教学后应该表现出来的可见行为的具体明确的表述，它是预先确定的、通过教学可以达到的并且能够用现有技术手段测量的学习结果或标准，即教学目标是教学活动预期要达到的行为与结果。

教学目标是一个系统，它由教学总目标决定，包括课程目标、单元目标和课时目标三个层次。教学总目标在全局教学活动中起指导作用，是为实现教育目标而提出的一种概括性的总体要求。其中，教学总目标关注各科教学的发展趋势和总方向，是一种原则性的规定。为了对教学活动进行具体规定，教学总目标需要转化为具体的教学目标。课时目标又称"课堂教学目标"，是教学目标体系中最基础的层面，也是最具体的教学目标，是开展课堂教学活动和评价课堂教学效果的重要依据。整个教学目标系统形成一个上下贯通、有机联系的完整体系。

### （二）高校思想政治教学目标的功能

教学目标是所有教学要素中的核心要素，它指导和规范教师的教学活动，激发学生的学习动机和兴趣，对教学活动有着重要的作用和影响。高校思想政治课教学目标主要具有激励功能、导向功能、调控功能。

1. 激励功能

目标是向导，是动力，教学目标是教学活动的直接动力。有了明确具体的教学目标，才会产生努力完成任务的愿望，才会有开展活动的动机与行为，才会有实现目标的压力与动力，才会有明确的努力方向。有了教学目标才能激发学生的认识内驱动力。为了激发学生的认识内驱动力，必须使他们知悉预期的学习成果，这样他们才能明确成就的性质，有针对性地开展活动，对自身行为的结果进行成

就归因，并最终实现认知的提升、自我价值的提高及获得成功的喜悦。

2. 导向功能

教学目标是教学活动的直接依据，是教学方案设计的向导，是教学内容选择和教学方法选择的指南，也是教学实施的保证。教学目标导向学生的行为结果，可以作为测量学习效果的依据。教师根据教学目标设计教学活动，规定教学活动程序与组织形式，并实施教学。没有教学目标，教学方案的编制和实施就没有方向，也不会取得好的效果。

3. 调控功能

教学目标是教学的出发点和归宿，教学过程的一切活动都应紧紧围绕教学目标开展。教学过程是一个可调控的过程，而调控的参照就是教学目标。教学目标对于教师调整教学过程具有重要作用。依据控制论原理，教学过程需依赖反馈实现自动控制。明确的教学目标为教师提供了衡量标准，使教师能在教学过程中充分利用提问、讨论、交流、测验及评改作业等多种方式，获取能反映出教学目标实现程度的信息，进而调整教学策略、方法和进程。

## 二、高校思想政治教学目标设计的原则和依据

对教学目标的含义、分类和功能的学习，有利于在教学实践活动中，更好地理解、设计与实施教学目标。教师是教学目标的设计者和实施者，教师需要懂得教学目标设计的原则与依据。

### （一）高校思想政治教学目标设计的原则

教学目标设计受多种因素的制约，必须处理好制约教学活动的各种因素之间的关系，遵循一系列基本原则，如科学性原则、系统性原则、全面性原则、层次性原则、具体性原则等，强调以学生发展为中心的原则和以培养能力为重点的原则。

1. 以学生发展为中心的原则

教学目标设计和实施的取向有"学生中心"取向、"社会中心"取向、"知识中心"取向等，当前应提倡和坚持的是"学生中心"取向，即"以学生发展为中心"的原则。

坚持"以学生发展为中心",其原因为:第一,《中华人民共和国教育法》规定:"教育必须为社会主义现代化建设服务、为人民服务,必须与生产劳动和社会实践相结合,培养德智体美劳全面发展的社会主义事业的建设者和接班人。"[①] 党的十九大报告指出:"要全面贯彻党的教育方针,落实立德树人根本任务,发展素质教育,推进教育公平,培养德智体美全面发展的社会主义建设者和接班人。"[②] 这是当前我国的教育目的。教育的目的就是促进受教育者身心的发展。因此,教育政策的制定、课程目标的设定、教学目标的设计,都要以服务学生的发展为原则。第二,学生是学习的主体。思想政治课为学生的思想、政治、道德、品质发展服务,教学目标的实施和实现离不开学生的参与。因此,教学目标需要根据学生的身心发展规律和学习方面的差异来设计。第三,学生是决定课程的直接因素和根本动力。课程的客观基础和决定因素是社会、学生和知识,学生已有的知识水平和知识结构是决定教学目标的直接因素,社会和知识是间接因素,课程在社会的发展和知识的传承中所发挥的作用,需要通过学生才能实现。因此,教学目标的设计要符合学生的发展。

坚持"以学生发展为中心"的原则,应该考虑以下两个方面:一方面,要考虑到学生的实际水平,若目标定得太低,对学生发展的作用不大;另一方面,要适当高于学生已有的知识水平和结构,以"最近发展区"的理念为基础,通常说的"跳一跳才能摘到桃子"就体现了这一理念。

2. 以培养能力为重点的原则

坚持"以培养能力为重点",主要有两方面的原因:第一,培养学生的必备品格和关键能力及终身学习的能力,体现了当前教育改革的方向。第二,创新精神和实践能力是人的素质结构的重要内容。能力既是对知识的运用,又是获取知识的基础和条件,是提高人自身素质的关键。坚持以培养能力为重点,使学生的主观能动性最大限度地发挥,从而最大限度地实现教学目标的最优化。

坚持"以培养能力为重点"的原则,应该考虑以下两个方面:一方面,既要体现学生的认知能力,又要体现实践能力。认知能力和实践能力要同时得到发展,不能只注重某一个方面的发展;既要体现出一般能力要求,又要体现出特殊能力

---

① 中国高等教育学会编组. 中国教师手册 [M]. 北京:首都师范大学出版社, 2004.
② 余国华. 素质教育新论 [M]. 北京:光明日报出版社, 2001.

要求，等等。另一方面，学生作为教学活动的主体，目标的设计要以学生为主，通过学生的实践活动来实现教学目标。

### （二）高校思想政治教学目标设计的依据

教学目标设计或确定受多种因素的制约，如课程标准、教学内容、学生实际等，特别是思想政治学科具有很强的时代性和实践性，教学目标的确定更不能主观设想，必须有科学依据。

1. 依据时代特点及党和国家的教育方针

思想政治理论课是落实立德树人根本任务的关键课程。高校思想政治课作为体现国家意志、进行意识形态教育、具有强烈时代性的课程，其内容受到社会政治、经济、文化等方面发展的影响较大。因此，在进行教学目标的设计时，必须紧跟时代的发展变化，紧密联系当今世界发展和我国社会主义现代化建设的实际，反映马克思主义中国化的最新理论成果，反映习近平新时代中国特色社会主义思想。同时，必须贯彻党和国家的教育方针，体现其思想性。

2. 依据课程标准

课程标准是国家最高教育行政部门制定、全国范围内统一使用的，对课程教学活动加以指导、规范、评估、管理的纲领性文件。它规定了课程性质、课程目标、内容要求、实施建议等方面的内容。课程标准既是教材编写和教学的依据，又是评价的依据。因此，在进行教学目标设计时必须反复研读课程标准，在此基础上分析教材的知识结构体系，了解各单元、课、框、目知识点之间的关系，进而制定具体的教学目标。

3. 依据教材

教材是依据课程标准编写的，是课程标准的具体化，它承载着教学的主要内容，是教师教和学生学的主要材料。教材经过专家精心设计和编排，具有较强的系统性、基础性和科学性，能够帮助学生快捷地实现课程目标。因此，在设计教学目标时，应该对教材进行仔细分析，理解教材编排的意图，把握教材的基本内容，根据教材设计教学目标。

4. 依据学生发展的需要

在教学活动中，学生是学习的主体，新课程理念倡导要充分发挥学生在学习中的主体地位。同时，学生的学习是为将来走向社会做准备。因此，进行教学目标设计时，必须充分体现学生的主体地位，满足学生发展的需要，为学生的终身学习奠定基础，为学生未来的生活做准备。

## 第二节 高校思想政治教学内容设计

教学内容集中体现在教材中，教材既是教学的基本材料，又是教学内容的主要载体，还是教学的核心课程资源，它提供了教学活动的基本内容。教学内容的设计过程体现了教师对教材的深入分析、对教学资源的合理筛选与整合，以及教学内容的有序组织和有效传达。因此，教师必须重视教学内容的设计，以达到更好的教学效果。

### 一、教学内容的含义及教学内容与教材内容的关系

#### （一）教学内容的含义

在日常的教学过程中，人们容易混淆教育内容、课程内容、教学内容的含义。在西方，教育内容一般简称为"内容"（contents），又叫"课程内容"；在我国，有"教学内容"的术语，教育内容、课程内容和教学内容三个术语常常被交替使用。

1. 教育内容

教育内容是伴随历史进程逐步发展和丰富起来的。在古老的原始社会，成人在生活的过程中，向未成年人传授捕猎技能与群居生活中需共同遵循的风俗习惯，构成了最早的教育内容。随着社会的发展，文字的创造，学校的产生，老人在庠序（古代的地方学校）里向新生一代传授生产知识、渔猎采摘经验和祭祀风俗习惯，使教育内容不断丰富，并形成了体系。到了现代社会，人们创造出了把教育内容及其呈现形式和实施方式统一起来的课程。教育内容是指经选择而纳入教育活动过程的知识、技能、行为规范、价值观念、世界观等文化总体。广义上它包括学校教育、家庭教育和社会教育的所有内容，狭义上它特指学校教育内容，选择标准一般包括社会发展需要、个人发展需要和文化发展需要等。教育内容具有社会历史性，随着社会变化发展而变化发展。从人的发展结构看，它包括德、智、

体、美、劳等方面；从社会结构看，它包括政治、经济、文化、科技、军事和宗教等方面。

2. 课程内容

课程内容是教育活动中的核心组成部分，它涵盖了学习领域和各个科目中特定的事实、观点、原理和问题，以及它们之间的相互联系。课程内容不仅表现为一系列的知识、技能、技巧、思想、观点、信念、言语、行为和习惯，而且还体现了这些元素的总和。在教育领域中，课程内容始终以教学材料为载体，在一定的教学活动中得以呈现，并转化为学生的学习经验。所以，人们所秉持的课程内容观有"教材取向""学习活动取向""学习经验取向"。

传统观念认为，课程内容即为教材，将其视为学生应当掌握的知识体系。教材是知识的承载者。然而，课程内容实际是学习活动，活动导向的重点在于学生做什么，而非教材所体现的学科体系。

课程内容即学习经验，此观点主张：第一，学习活动通过学生的主动行为而发生；第二，学生的学习取决于学生自己的行为，而不是教师呈现的内容或对学生的要求；第三，决定学习的质和量的是学生而不是教材，学生是主动参与者；第四，学生已有认知结构的情感特征对课程内容起支配作用。知识是"学"会的，而不是"教"会的。主要有以下三个特点：一是尊重学习者的个性差异——选择性；二是确立学习者在课程开发中的主体地位——主动探索；三是关注学习者的社会生活经验——服务生活。

3. 教学内容

教学内容是在教育过程中，教师和学生共同参与的一种知识传递和交流活动。它涵盖了各个学科、各个单元、各个课时及各种具体的教学活动。教学内容不仅是师生之间的互动对象，还包括了教学目标、教学策略、教学方法等多个方面。以高校思想政治课程为例，这是一门集理论教育、社会认识和公民教育于一体的综合性、活动型学科课程。它旨在对学生进行政治素质、思想素质、道德素质、法律素质、心理素质等多方面的教育，尤其强调思想政治素质的培养。这是素质教育的重要组成部分，也是素质教育的灵魂。高校思想政治课程的学科背景广阔，涵盖了伦理学、法学、心理学、社会学、人类文化学、美学、政治学、经济学、哲学等多个领域。这些学科的核心概念、原理和方法，是支撑高校思想政治课程内容的基础。这也使高校思想政治课程既具有广泛的学科背景，又具有重要的德育功能。相对于其他学科课程，高校思想政治课程的独特性在于，它的设置是其他任何学科都无法替代的，也是其他课程所无法比拟的。它不仅传授知识，更注重培养学生的思维能力、判断能力和社会责任感。这对于学生的全面发展具有重要意义。

理解高校思想政治教学内容要注意教学内容与教学目标紧密相连，教学目标是依据；教学内容的编排要有一定的逻辑思路，或遵循学科逻辑，或遵循生活逻辑，切忌杂乱无章。

### （二）教学内容与教材内容的关系

长期以来，很多人总是将教材内容和教学内容混为一谈。教材是教学内容的载体。作为发挥实际作用的教学内容，其特性不同于教材内容。教学内容从广义上讲，是"国家规定的教学计划、教学大纲和教科书的总和"[①]；从狭义上讲，是指解决教学中教师教什么和学生学什么的问题。

教材在教育过程中的角色并非仅仅是知识的载体，它更是师生开展教学活动的重要工具。教材承载着课程内容，为学生提供了学习的基础和方向。然而，我们需要明确一点，教材并非直接将课程内容呈现给学生，而是通过教师的教学活动，将课程内容转化为学生可以理解和掌握的知识。因此，教材是教师助力学生实现课程学习目标的桥梁。值得注意的是，教材的编写不仅受到课程内容的制约，还需具备一定的"教学化"特质。这意味着，教材在反映课程内容的基础上，还需要进行一定的方法化处理，使之更符合学生的学习心理。这种"教学化"的实质，就是让教材"心理化"。换句话说，教材的编写需要遵循学生学习活动的心理逻辑，以便教师进行教学，从而提高学生的学习效果。然而，即使教材内容经过了充分的"教学化"处理，它仍然不能自动地成为教学内容。这是因为，教材作用的发挥离不开教师的专业素养和教学方法。教师根据学生的实际情况，灵活运用教材，调整教学策略，才能使教材内容真正地为学生的学习服务。教材内容具有其固有的局限性，是静态的。它无法完全适应复杂多变的教学情境，这就要求教师在实际教学过程中，对教材内容进行创造性转化。教学过程是一个动态的、

---

[①] 孙震，吴杰. 教育学[M]. 长春：吉林教育出版社，1986：95.

互动的过程，教师需要时刻关注学生的学习情况，了解他们在学习过程中的需求和困惑。因此，"教学化"可以进一步理解为教师在教学过程中为了便于授课进行的方法化处理，形成具体的教学设计。教材内容经由教师在教学过程中的处理和"教学化"转变为教学内容。教学内容不仅涵盖了教材内容，还包括引导作用、动机作用、方法论指示、价值判断、规范概念等多个方面。在这些方面中，教材内容无疑是教学内容的重要组成部分，但它只是其中的一种成分。实际上，教学内容远比教材内容丰富得多，它包含了教材所无法涵盖的深层内涵。它涉及教师的主观作用，因此，在实际教学过程中充满了不确定性。这种不确定性既给学生带来了挑战，也为教学创新提供了广阔的空间。在教育领域，教材内容与教学内容的关系一直是教育者探讨的焦点。同样的教材内容可以衍生出多样的教学内容，而同样的教学内容也可以通过不同的教材内容来呈现。同相对稳定的教材内容相比，教学内容表现出一定的多变性，是一个开放的系统。教学内容的最终呈现与实际教学目标及具体教学情境有很大关系，它是教师对教材内容的"开发"与创造的过程。教学内容既是开放的，又是动态的。教学过程是教师、学生、教材、环境等多重因素相互作用、不断变化的动态过程，是一个"生态系统"。教师不应局限于教材内容，而应对之加以整合与创新，制定教学方案并予以实施。从教材内容到教学设计，再到实施过程，教学内容经历了多次变革，最终得以确立。因此，教学内容是在教学过程中创造出来的。教材内容与教学内容之间存在着一片广阔的空白区域，教师可在此区域充分施展再创造之能。然而，教师在教学内容创作过程中并非可以任意为之，其行为受课程情境中诸多因素的约束。其中，最重要的是教学须满足教学情境及学生学习需求，确保学生不被排除在教学过程之外。因此，教学内容理应"量身定制"。

## 二、高校思想政治教学内容设计的含义和基本要求

### （一）教学内容设计的含义

教学内容虽然以教材为主要依据，但教材之外的内容浩瀚无比，即便使用同样的教材，使用的主体不同，对教材内容的开发与组织也不同，要充分发挥教学内容的育人功能，离不开对教学内容的精心设计。

教学内容设计，就是要解决好"教给学生什么，学生学习什么"才能达到教学目标的问题。然而，在实际教学中，某些教师不重视教学内容设计，总是认为有了课程标准，有了教材，自然就有了教学内容。在信息化的今天，课程资源浩如烟海，选择合适的资源进入教学过程，就是在进行教学内容的设计。曾天山老师认为："教学内容设计是教师认真分析思想政治课教材、合理选择和组织教学内容及合理安排教学内容的表达或呈现的过程。"[①] 这是教学运筹的核心环节之一，也是教学方案设计的重要组成部分。

### （二）教学内容设计的基本要求

教学内容设计有利于达成理想的教学目标，有利于发挥教师的主导作用提高教学效率。思想政治课程作为一门兼具人文社会科学与德育双重性质的课程，其教学内容设计有自己的特点。高校思想政治教学内容设计，以学生为本，为学生服务。教学内容设计要遵循以下基本要求。

1. 注重时代性

高校思想政治教学内容设计需要注重时代性。高校思想政治教学内容应关注当前社会的热点问题和社会变革，引导学生对时事问题进行思考和分析。教师可以通过引入最新的案例、调查报告等内容，以及定期更新教学资源，帮助学生理解和评估时代变化的影响。教学内容应能引导学生认识和理解当前时代的特点、发展趋势和重大事件，了解国家发展战略和政策，对中国特色社会主义和中国梦有较为全面的认知和理解。教师可以通过引入相关政策文件、政府工作报告、学术研究成果等资源，帮助学生把握时代特点。同时，教学内容要融入科技创新和社会变革的内容，探讨其对社会、政治和人类生活的影响。可以引入相关科技创新案例、科技伦理问题等，激发学生对科技进步与社会发展的思考和探索。

综上所述，注重时代性的教学内容设计将更加贴近学生的实际需求，帮助他们更好地适应和应对不断变化的时代挑战。

2. 注重基础性

高校思想政治教学内容设计需要注重基础性，关注基本概念、理论、知识和能力的传授。这将有助于学生建立起坚实的理论基础、提升思考和分析问题的能

---

① 曾天山. 教材论[M]. 南昌：江西教育出版社，1997：116.

力、培养正确的价值观和道德观念，从而更好地理解和应对现实社会中的思想政治问题。

教学内容应包含相关的基础理论，如马克思主义政治经济学、社会主义核心价值观等。学生应通过学习这些理论，了解其基本原理和应用，为思考和分析现实问题提供理论基础。高校思想政治教学内容在设计时还需要关注培养学生的思想政治素养和道德品质，关注基本的公民道德和社会责任感。教师可以通过案例研究、道德教育、社会实践等方式，培养学生的基本素养和价值观。

3. 注重科学性

高校思想政治教学内容应基于科学理论和研究成果，避免主观臆断和不科学的观点，因此具有科学性。教师在讲授和讨论时应注重引用权威的研究成果和学术观点，以确保内容的科学性和准确性。思想政治教学内容的设计应帮助学生了解和运用科学方法与逻辑方式进行思考和分析。例如，引导学生学习历史事件的研究方法、社会调查的设计与分析等，培养他们的科学思维和研究能力。教学内容也可以通过案例分析和数据统计来支持理论和观点。教师可以引入真实的案例和相关数据，帮助学生理解思想政治问题的实际情况和变化趋势，培养他们的证据分析和判断能力。教学内容要鼓励学生进行批判性思考，不仅接收信息和观点，还要能够评估和反思其中的科学依据。教师可以引导学生积极提出问题，对观点进行辨析和论证，培养他们的批判性思维和创新能力。

总之，高校思想政治教学内容设计要求注重科学性，基于科学理论和研究成果，引入科学方法和逻辑，提供案例和数据支持，鼓励学生的批判性思考和与时俱进。这样的设计将有助于学生形成科学的思维方式，培养他们的科学精神和创新能力，提高对思想政治问题的理解和分析水平。

## 第三节　高校思想政治教学语言设计

教学是指教师在明确目标、周密计划和有序组织的条件下，引导学生学习与掌握现代科学文化知识与技能，以促进学生素质的提升，进而使他们成长为符合社会需求的人才。教师要想达到教学目标，一定要具备广博的专业知识和教学技能，要善于语言表达。古希腊著名哲学家苏格拉底（Socrates）"产婆术"和我国著名教育家孔子"不愤不启，不悱不发"的启发式教学思想都在强调教师如何正确有效地去表达、去教学。表达能力是教师展现教学艺术的基础，而这种能力主要是通过有声语言和无声语言来体现。思想政治课程是一门培养学生思想政治素质的课程，由于其学科特殊性对教师教学语言能力的要求更为严格。只有高超的教学语言表达能力才能使学生在无形中陶冶情操，提高思想政治觉悟。

语言是人类最重要的交际工具，也是教师进行教育教学活动的主要手段。扬·阿姆斯·夸美纽斯（Jan Amos Komenský）在《大教学论》中指出，教学的艺术"是一种把一切事物教给一切人类的全部的艺术""是一种教起来使人感到愉快的艺术，就是说，它不会使教员感到烦恼，或使学生感到厌恶，它能使教员和学生全部得到最大的快乐；此外，它又是教得彻底，不肤浅，不铺张，能使人获得真实的知识、高尚的德行和最深刻的虔诚的艺术"[1]。教学语言艺术可以说是教学艺术的集中体现，教学的艺术，在很大程度上取决于教学语言的艺术。可见，教学语言设计艺术是每位教师必备的基本功之一。教育家瓦西里·亚历山德罗维奇·苏霍姆林斯基（В.А. Сухомли́нский）指出："教师的言语是一种什么也代替不了的影响学生的工具。"[2] 教师的语言表达能力和语言艺术修养是衡量教师教学水平的一个重要标志。优秀的教师不仅要有丰富的知识储备，更要具备出色的语言表达能力，以便在课堂上能够有效地传递知识，引导学生探索未知领域。因此，提升教学语言的表达能力和艺术修养，是每一位教师在教学过程中都需要关注和努力的方向。教师需要掌握准确且生动的教学语言，准确的表达能够确保学生理解教学内容，生动的描绘能够激发学生的想象力，使抽象的知识更具有形象性。教师应力求用简洁明了的语言阐述复杂的概念，使学生在轻松愉快的氛围中掌握知识。清晰的语言有助于学生抓住教学重点，快速理解知识点之间的联系。精练的语言可以提高课堂效率，使学生在有限的课堂时间内获取更多的知识。

在课堂教学中，教师的语言表达形式多样，主要包括书面语言、教学口语和体态语言。书面语言主要有教案语、板书语、作业批改语、试卷评价语，在课堂教学中，书面语言主要体现为教学板书；教学口语是教师教学语言的主要形式，是每位教师应该具备的最基本的教育教学能力；体态语言是一种以教师的表情、

---

[1] 夸美纽斯. 大教学论 [M]. 傅任敢, 译. 北京：人民教育出版社, 1984.
[2] 苏霍姆林斯基. 教育的艺术 [M]. 肖勇, 译. 长沙：湖南教育出版社, 1983.

手势、动作、眼神等来传递信息、作用于学生视觉的无声语言,它是有声语言的辅助和补充。在教学中,体态语言可辅助有声语言传递知识信息,增强有声语言的表达效果。

## 一、高校思想政治教学语言的含义

教学语言是教学的重要手段和工具。可以说,没有教学语言,教学活动就难以进行。总的来说,教学语言有广义与狭义之分,广义的教学语言包括口头语言、教态语言、板书语言,狭义的教学语言就仅仅是指教师的口头语言。

教学语言修养越高的教师越能够使课堂生动有趣,紧紧地抓住学生的注意力,而不会像茶壶里面的汤圆,内涵丰富却倒不出来。教学语言也不是简单的对书本语言的复写,而是经过艺术化加工后的艺术语言。正如世界著名教育家克里孟特·阿加迪维奇·季米里亚捷夫(Kliment A. Timiriazev)所说:"教师不是传声筒,把书本的东西由口头传达出来;也不是照相机,把现实复呈出来,而是艺术家、创造者。"[1] 教学语言是教师传递教学信息与完成教学任务的主要载体和工具。它不仅是教师传授知识的主要方式,而且在引导学生学习、启发学生思维、实现教学目标等方面也具有重要作用。在教学过程中遵循基本的教学原则,运用富有个性、创造性的语言表达方式,进行课堂的传道、授业、解惑的艺术实践活动,是教师教学语言表达艺术的一个最重要的组成部分。简洁地说,语言艺术也就是富有个性、创造性的、完美的语言表达方式,它是运用语言的手段创造审美形象的一种艺术形式。

高质量的教学语言对教师的教及学生的学会产生重要影响。在授课过程中,语言是教师与学生沟通交流的纽带。教师主要是通过语言这一载体完成知识的传输,为学生解疑答疑。学生则主要通过教师的教学语言来获得知识,理解教学内容。因此,教师在课堂上的语言表达水平如何,影响着整个教学活动的最终结果。提高教师的教学语言艺术水平,无论是对教师、学生还是教育教学效果在一定程度上都具有很大的影响。高水平的教学语言艺术,不仅可以激发学生学习的热情,有效地提高教育教学的质量,对于教师自身的专业发展也具有一定的意义。

---

[1] 赵爱华,董文芳,周家亮. 政治教育学 [M]. 北京:教育科学出版社,1998:239.

## 二、高校思想政治教学语言设计的基本要求

### （一）有声语言的基本要求

高校思想政治课教学是师生之间的思想交流与信息传递，教师教学往往是多种教学语言的综合使用，教学语言既要思路清晰、用语准确，又要幽默风趣，因此需要遵循一定的基本要求。

1. 精练简洁，传情达意

课堂教学在时间上的限制，使得教师需要在有限的时间内传授设定的知识。这也就要求教师的语言必须精练、简洁明了，能够一语中的，让学生迅速理解和掌握。在讲解过程中，教师要突出重点、措辞得体、寓意深刻，使得学生在短时间内获取最多的信息。许多教师注重"精讲多练"的教学方法，这是因为简洁明了的语言能够更好地引导学生理解知识，提高教学效果。

教学语言的简洁、概括是语言精练的本质体现。通过以简御繁、言简意赅，展现语言的力量。在教学过程中，若语言信息过度冗余，次要信息掩盖主要信息，乃至长篇累牍的空泛议论，都会影响知识的顺利传递，使学生难以把握重点。一些不必要的重复也容易分散学生的注意力，久而久之，将使学生在听课时倍感吃力，从而影响学习心态。语言烦琐累赘不利于学生掌握知识的重点和理解知识间的联系，不利于发展学生的智力、培养学生的能力。语言的简练是要提高语言的质量。就声音而言，响亮动听，掷地有声，有影响力；就内容而言，提纲挈领，切中要害；就效果而言，传情达意，启迪思维。

2. 逻辑清晰，层次分明

教学语言是教学过程中至关重要的一环，它反映着教学的思维，而教学思维流程是否具备科学性直接影响着语言表达的逻辑性。因此，在教学的各个环节，语言的设计应当注重其有序性和流畅性。在教学语言的设计中，我们需要注意以下几个方面：主次分明、先后有序、衔接自然、过渡流畅、承接恰当等。这些方面都应紧密围绕教材内容和课堂实际，遵循学生的认知规律。

教学语言的逻辑顺序，可以分为总分式、并列式和层进式。总分式，即先总述后分述，适用于概括全局的教学内容；并列式是将各个部分并列展开，适用于讲解各个独立但又相互关联的内容；层进式是由浅入深、层层递进，适用于引导

学生深入理解和探究的教学内容。

从认识论的角度出发，教学语言可以由感性到理性。这种方式适用于帮助学生从具体的实例中提炼出抽象的概念，从而提高他们的理论素养。从性质上看，教学语言可以由主到次。此外，就材料组织而言，教学语言可以由重点到一般。从空间来看，可以由局部到整体或整体到局部。

总之，无论从哪个角度出发，教学语言的组织都应力求清晰有序，富有逻辑性，能引导学生有序思考，深入理解。

3. 诙谐幽默，趣味并重

除了条理清晰、精练简洁，教师可以用诙谐幽默的语言来调节课堂的气氛，吸引学生的注意力，提高学生学习的兴趣。此举还有助于缓解教学疲惫，活跃课堂气氛，加深知识领悟，促进师生关系和谐，提高学生能力，塑造学生优良个性。

**（二）体态语言的基本要求**

教师的体态语言是辅助教学的一种重要手段，作为高校思想政治教师，掌握和运用好教学体态语言可以有效地提高教学效果。

体态语言是指教师在教学中的衣着打扮、仪表风度、行为举止的表现。教态，一种广泛应用于教育教学过程中的非言语交流方式，它内涵丰富，形式多样。教态主要包括身体动作、手势、眼神、衣饰、脸部表情及站立的姿势等元素。这些元素通过教师的自然表现，传递着丰富的情感和意蕴，起到代替言语活动或信息交流的作用。著名教育家安·谢·马卡连柯（A.C. Макаренко）指出，"教育技巧，也表现在教师运用声调和控制面部表情上""我相信在高等师范学校里，将来必然要教授关于声调、姿态、运用器官、运用表情等课程，没有这样的训练，我是想象不出来怎样进行教师工作的"[①]。这是马卡连柯基于自己长期积累的教学实践经验，也是对课堂教学教师体态语言重要性的充分肯定。还有人认为：感情的全部表达＝7％的言辞＋38％的声调＋55％的面部表情，体态语言的重要性更是不言而喻，具有以下3点要求。

1. 眼睛：富有变化

有经验的教师很注重眼睛的作用。苏格拉底认为："眼睛能准确而鲜明地表达

---

① 安·谢·马卡连柯. 论共产主义教育[M]. 刘长松，杨慕之，译. 北京：人民教育出版社，1954.

出人的各种思想感情"[①]，李白有"卖眼掷春心"的佳句，即眼睛是会说话的。眼睛是心灵的窗户，教师站上讲台，两眼生辉，目光深邃，就会给学生一种朝气蓬勃、令人信服的感觉；相反，如果看到教师双目无神，无精打采，学生就会感到扫兴。在教育过程中，教师的目光应避免过于严厉苛责，以免削弱学生信心；同时，目光也不要游移、犹豫不决，以免分散学生注意力。此外，教师应避免冷漠无情、面无表情，以及在学生回答问题时从事其他无关事务等。

2. 表情：表情自然，热情专注，真挚可信

面部表情是心灵和思想的表达，一个人的喜、怒、哀、乐全都可以从面部表情上反映出来。如果教师在课堂上能针对出现的不同情况运用好表情语言，就可以有效地调节课堂气氛，提高教学效率。在面部表情的运用中，微笑的作用尤其突出。微笑是一个人乐观、友好、自信、积极向上的心理状态的外部反映，如果教师经常地、适时地对学生微笑，会使学生变得乐观、友好、自信、积极向上。教师在课堂教学中表情运用易出现的问题有：面部表情平淡，变化不明显；表情虽有变化，但并非发自内心；表情变化过于频繁，使人捉摸不透。

3. 举止：潇洒自然，落落大方

教师在讲课时的举止，主要表现为教师身体各部位动作的幅度、姿态等。在课堂上，教师通过躯体和四肢动作，来传递或辅助传递与教学内容相关的信息。这些举止主要包括站立姿态、行动姿态和手势。在人类的信息交流过程中，身体的动作和四肢的姿势发挥着重要的作用。尽管口头与书面语言是传递思想的核心工具，但它们在某些情况下可能限制思想的表达。此时，动作与姿势在传达意义和情感方面更具说服力。社会心理学研究揭示了在教学过程中，动作与姿势作为一种有效且经济实惠的辅助手段，能够替代言语表达。

特别要注意的是行动姿态，即行姿。行姿不仅是教师精神状态和风度的表现，而且还有传递教学信息的意义和作用。如果教师一节课始终站在讲台上授课，课堂就会显得单调而又沉闷。如果教师适当地在教室内走动，课堂就会变得有生气，促进师生教学互动，调动学生学习的积极性。教师在教室内的走动一般分为两种：一是在讲台周围适当走动，打破单调的气氛；二是离开讲台到学生中间走动，使师生之间的空间距离缩小，密切师生关系，有利于师生感情交流。

---

① 王显槐，王晓霞，吴艳. 言语交际指津 [M]. 北京：语文出版社，2000.

## 第四节　高校思想政治教学评价设计

### 一、高校思想政治教学评价概述

教学评价是整个教学过程中相对独立的一个环节，是一个复杂而严密的过程，涉及评价标准的制定、评价方法的选用、评价资料的选取及评价结果的反馈。科学的教学评价体系是实现课程目标的重要保障。

#### （一）教学评价和含义、特征

教学评价是教学过程的基本环节之一，是对师生教学活动及其效果所作的价值判断。只有通过教学评价，师生才能反思和认识教学的有效性。要全面把握高校思想政治教学评价，必须首先了解教学评价。

1. 教学评价的含义

关于评价的含义，学者从不同角度进行了定义。1981年美国教育评价标准委员会对评价的定义："评价是对某些现象的价值如何的系统调查。"[1] 拉尔夫·泰勒（Ralph W. Tyler）提出："评价过程实质上是一个确定课程与教学计划实际达到教育目标的程度的过程。"[2]

《现代汉语词典》对"评价"的定义是"评定价值高低"。评价指通过计算、观察和咨询等方法对某个对象进行一系列的复合分析研究和评估，从而确定对象的意义、价值或者状态。从词义上，人们通俗地理解：评，就是判断、评论、评定的意思；价，就是价值。评价，就是进行价值判断，对客体满足主体需要程度的判定，是指对一件事或人物进行判断、分析后的结论，是一种价值判断活动。

尽管对评价的定义有所不同，但其核心思想都是作出价值判断。当评价应用到教学活动中时便形成教学评价的概念。根据本杰明·布鲁姆（Benjamin Bloom）的教学评价思想，教学评价是一种旨在确认学生学习成果和教学有效性的系统方法。它不仅包括传统的期末书面考试，还包括更多形式的证据收集和处理。教学

---

[1] 高德品. 让学生爱上课堂 [M]. 上海：上海教育出版社，2019.
[2] 拉尔夫·泰勒. 课程与教学的基本原理 [M]. 施良方，译. 北京：人民教育出版社，1997.

评价是阐述教育终极目标和教学任务目标的重要辅助手段，它可以帮助教育者了解学生在这些目标指引下发展的具体情况。教学评价是衡量学生是否能够按照理想的模式发展的过程。在这个过程中，教育者可以了解到学生的优点和不足，从而有针对性地进行教学调整和优化。作为一种反馈—矫正系统，教学评价在教学过程中的每个阶段都能发挥作用，判断教学方法是否有效。如果发现教学过程存在问题，教育者需要及时调整策略，确保教学过程的有效性。

关于思想政治教学评价的含义，既要与一般文化课程的教学评价有所区别，突出学生思想政治、道德品质素养的评价和思想政治学科核心素养的培育，也要与德育评价区别开来。思想政治教学评价是根据思想政治课程标准和目标，运用科学严谨的方法与技术，对思想政治课程教育教学过程及成果实施的价值评估与判断。这一内涵可以从广义和狭义两方面进行理解。广义上，涉及思想政治课教育教学的一切领域，如课程评价、教材评价、教学设计评价、教学实施及其环境评价、课程资源开发和利用评价、教研活动评价、教师素质评价、学生学习效果（学生的学科学习和思想品德素质发展）评价等。狭义上，仅指对学生学习效果（学生的学科学习和思想品德素质发展）及思想政治教师教学过程的质量进行的评价。

2. 教学评价的特征

课堂教学是一种与"个别教学"相对的教育模式，该模式将年龄和知识程度相近的学生编为固定人数的班级集体，根据各门学科课程标准规定的内容，组织教材并选择适宜的教学方法，按照固定的时间表，教师向全班学生进行授课。课堂教学评价有其自身的特征主要有以下5点。

（1）目的性

目的性是指教师在进行评价时总有一定的目标取向，评价的目标取向不同，所选择的评价内容与评价方式就不同。如果课堂教学以知识为中心，课堂评价则突出甄别的功能，以知识的规范化、标准化、科学化作为学生学习评价的重要依据。在学习结果的评价上直接体现为考试成绩，从而导致应试教育愈演愈烈。新课程改革提倡评价观念与评价方式的变革，突出评价促进学生发展的功能，其目的就是要通过评价，使学生明确学习目标，端正学习态度，激发学习热情，最终达到促进学生和谐发展的目的。

（2）情境性

教学评价总是在具体的教学情境中进行，学生的学习活动尤其是外显的学习行为，总是特定的情境下表现出来。专注学习时的凝神静思，自我展示时的争先恐后，问题争论时的唇枪舌剑，都具有明显的情境性。在教学评价过程中，我们需善于洞察学生在不同情境下的行为变化，以便深入了解学生的思想情感、认知特性、行为模式和学习成果。从而确保评价的准确性与公正性。由于教学过程具有动态性，教学情境不断变化，因此对学生的评价也应随着情境的转变而作出相应调整。

（3）及时性

评价作为教学的组成部分，具有及时性特征。及时性评价与具体的学习情境紧密相连，具有生成性、即时性与偶然性的特点。教学过程是生成的过程，学生在生成学习的过程中需要得到肯定与赞美、指点与帮助。即时性，即在最需要的时候出现，在学生"愤悱"之时立刻进行指导与评价。偶然性是指教学过程中会有许多非预期的学习行为产生，这些行为有的与教学目标一致，有的与教学目标相悖，这就需要教师及时指导，通过评价把学生的学习行为导向预期目标。及时性评价符合学生认知发展的特点，有利于促进学生健康发展，但及时并非指第一时间，而是指在恰当的时候，有的问题需要留给学生足够的思考时间，这时就需要延时性地判断与评价。

（4）互动性

这是教学过程的本质特点所决定的。教学过程本质上是通过师生的交流与对话，促进学生健康发展的过程。教学评价过程，本质上也是师生之间交流互动的过程。一方面，师生通过言语或行为进行评价的互动；另一方面，师生通过言语或行为对对方的行为作出应答性反应。

（5）差异性

课堂教学评价的有效性在于，教师在进行评价时并非仅作出简单判断或表扬，而是要具备差异化视角，充分了解学生的学习起点，关注他们的成长进程及付出的努力。针对不同学生，采用适宜的评价准则，为每位学生的进步营造宽松氛围，同时提供具体指导与引领，耐心期待他们的成长。

（二）教学评价的功能

教学评价，是教学活动的重要内容和环节。它是对教学质量和教学效果进行的价值判断，既反映教师教的能力和效果，又体现学生学的能力和成果，对完成学科教学任务，提高学科教学质量具有重要的作用。

### 1. 导向功能

导向功能是指师生可以通过教学评价来导向课堂教学。在教学评价中，衡量教学结果对教学目标的达成度是教学评价的重要方面，目标取向本身就具有导向作用。评价的指标和标准实际上就是给师生提出了一个具体的奋斗目标和要求。这种导向功能可以分为对教师教学的导向功能和对学生学习的导向功能。一方面，借助教学评价，对教学设计进行严密且合理的评估，为教师教学执行与决策提供有力依据。另一方面，对学生的学习行为也具有明确的导向作用，即应该掌握哪些知识内容，发展哪些能力素养。教学评价总是在用学习评价标准判断学生的学习行为是否偏离学习目标，当学习行为与学习目标一致时，就采用肯定性评价，激励行为持续推进。当学习行为与学习目标相悖时，就采用否定性评价，及时调整行为方向。

### 2. 激励功能

教学评价会对师生的教与学的效果及其态度作出肯定或否定的价值判断。无论是肯定还是否定的评价，师生都可以从中获得许多有用的信息。这些信息可以促进师生反思教学中的得失，总结经验教训，明确努力方向，在教学评价的激励下不断进步。激励性评价，其核心理念是发掘学生的潜在能力，提升他们的自我认知。这种评价方式以发掘学生的优点为出发点，通过激发学生自身积极发展的因素，帮助他们克服自身的消极情绪和行为。在实施激励性评价的过程中，教师应注重多方面地鼓励和表扬学生，以此为基础，培养学生的成功心理。成功心理的培养有助于学生形成积极的心态，他们会更加自觉地调整自己的行为，使之符合他人的期望。通常来说，正面的评价有助于进一步激发和提升学生的学习热情，增强他们学习的主动性和积极性。负面的评价在一定程度上可以使学生认识到自身不足，发现与他人的差距及产生原因，从而有针对性地进行改进和调整，但同样也有可能导致学生产生焦虑和紧张情绪。适度的焦虑和紧张可以成为推动学生学习的动力，但过度的焦虑和紧张可能削弱学生的学习兴趣和积极性。

### 3. 反馈功能

教学过程首先是一个信息传递的过程，即教师依据教学目标向学生传递知识信息。与此同时，通过教学评价，评价者可以获得被评价者的有关信息，对其进行加工整理，得出评价结果，并将结果反馈给被评价者，这样就建立起了教学反馈系统。在信息论的视角下，教学过程可以被理解为一个包含信息输入、转换、输出、反馈及调节的循环过程。在这个过程中，反馈和调节环节实际上构成了教学评价的一个重要部分。教学评价的结果具有双重作用：一方面，它为教师提供了关于教学状况的大量反馈信息，使教师能够根据这些信息对原有的教学设计进行必要、及时的调整，以实现最佳教学效果；另一方面，教学评价的结果也能帮助学生了解自身的学业状况，识别自己与他人的差距，从而为学生的自我提升提供直接动力。

4.发展功能

教学评价的发展功能表现在两个方面。其一，有利于促进学生的发展。教育的最终目的就是促进学生发展，教学评价通过目标导向、动机激发、行为调控、正误甄别，让学生认识自我，明确发展方向，扬长避短，最终促进学生全面发展。其二，教学评价实施的过程也是教师了解学生、分析学生、优化教学过程、提高教学质量的过程，是教师进行教学反思、不断积累教学经验的过程，有利于促进教师专业的发展。

## 二、高校思想政治教学评价设计原则

### （一）发展性原则

发展性原则是思想政治教学评价设计的根本要求，体现了高校思想政治教学评价的本质特征，是高校思想政治教学评价的首要原则。它强调评价过程也是教育过程，评价不是目的，而是教育教学过程的一个环节，是教育教学管理和决策的依据，是促进学生思想政治、道德品质和科学文化素质发展的重要手段。发展性教学评价强调以促进学生发展为主要目标。此教学评价与选拔性教学评价有所区别，它注重过程、强调评价对象的主体性，并以促进评价对象发展为终极目标。遵循发展性评价原则，一是树立发展性的评价理念，强化评价的发展功能而不是选拔与甄别的功能；二是建立适应学生全面发展需要的评价体系，摒弃单纯以应试为目标的知识中心型评价体系，促进学生综合素质的发展；三是过程与结果并重，注重对学生学习策略的评价。

### （二）整体性原则

教学评价是一个整体的系统工程，要实现促进学生发展和提高教学质量的功能，必须坚持整体性原则。一是以学生学习评价为主，对学生学习评价和教师教学评价进行整体推进。教和学是一个有机的统一体，不能偏废任何一方，既不能以教师教学评价代替学生学习评价，也不能只强调学生学习评价而忽视教师教学评价。二是坚持必备知识和能力素养、价值观素养并重的评价，对学生和教师的评价，都要注重其评价内容的整体性。

### （三）多元化原则

多元化原则体现在评价主体的多元化和评价方式的多元化。课堂教学评价应打破各种条条框框的限制，实现评价主体多元化、评价方式多样化、评价功能最大化。遵循多元化原则要求实现评价主体多元化，改变只有教师评价学生的单一主体评价模式，构建教师评学生、学生互评、学生自评的主体多元的评价模式。评价方式要多样化，考试的方式要灵活多样，纸笔测验只是考试的一种方式，还要注意运用观察、谈话、描述性评语、项目评语、成长记录袋等，实现定量评价与定性评价的有机结合，过程评价与成果评价的相互补充，心理测试与外显行为考察的融合，以及绝对评价与个体差异评价的统一。

### （四）教育性原则

教育性原则是指在进行教学评价时，不能就事论事，而是要把评价和教育结合起来，发挥评价的育人功能。评价过程不只是对事物作出价值判断的过程，更是摆事实、讲道理的过程。评价结果来源于对事实的分析与判断，评价者通过关注事实、收集信息、分析成因、作出判断来对学生的学习过程或结果作出评价。这一过程也是教师帮助学生转变观念、端正态度、构建新的知识结构、培养新的思想感情的过程，其教育功能不可忽视。

### （五）客观性原则

客观性原则要求在教学评价过程中，从评价准则、方法到评价者所持立场，以及最终的评定结果，都应遵循客观实际，避免主观臆测及个人情感的介入。客观性原则是教学评价的基本要求，教学评价如果是客观公正的，就可以促进教育教学；如果缺乏客观性，就会完全失去评价的真正意义，有时甚至起到相反的作用。例如，教师为了激励学生而无原则地采用表扬的方式，明知学生回答错误，教师怕伤学生自尊，也不当面纠正，明知学生回答不完善，还一味说"好"，且不说明好在何处，学生即使受到表扬，也会觉得名不副实，问心有愧，有时甚至会怀疑教师是不是在讽刺自己。遵循客观性原则要求：一是评价标准要客观；二是评价内容要客观；三是评价态度要客观，实事求是，公正严谨地进行评定。

# 第三章　新媒体时代高校思想政治教育的发展研究

本章为新媒体时代高校思想政治教育的发展研究，主要包括新媒体概述、新媒体时代高校思想政治教育的理论阐释、新媒体时代高校思想政治教育面临的机遇与挑战和新媒体时代高校思想政治教育的优化策略四个方面的内容。

## 第一节　新媒体概述

随着网络及通信技术的普及，新媒体产业在近些年蓬勃发展，它的存在形式也日新月异、层出不穷。在传统媒体仍然占据半壁江山的时代，新媒体以它的独特优势与传统媒体并驾齐驱。人们对于报刊、广播、电视之类的传统媒体形态并不陌生，但对于生活中随处可以接触到的新媒体，在学术意义上并没有一个清晰的认识。

### 一、新媒体概念

关于新媒体的定义众说纷纭，当前人们对其并没有一个统一的、确定的认识。从字面理解，新媒体是一种相对于传统媒体而言的新型传播方式，是在报刊、广播、电视等传统媒体之后崛起的又一媒体形态。新媒体是一个极具包容性的概念，涵盖了众多新兴的媒体形式。它还是一个动态发展的概念，在不断地吸收和接纳新的技术，不断丰富和拓展自身的内涵。可以说，新媒体是一种立足于现代科技之上的媒体形态，它依托数字技术、网络技术，以互联网、宽带局域网、无线通信网、卫星等为传播渠道，通过电脑、手机、数字电视机等终端设备，向用户提供丰富多样的信息和娱乐服务。

目前比较热门的新媒体有数字电视、直播卫星电视、网络电视、博客、移动多媒体（手机短信、手机彩信、手机游戏、手机电视、手机报纸等）、搜索引擎、门户网站、电子信箱等。

## 二、新媒体的内容、分类与功能

新媒体的内容包括数字杂志、数字报纸、数字广播、手机短信、网络、桌面视窗、数字电视、数字电影、触摸媒体、微电影等。相对于报纸、广播、电视、杂志四大传统意义上的媒体，这些内容被形象地称为"新媒体"。

目前有七类新媒体：一是移动数字电视，包括无线的、车载的；二是有线数字电视；三是互联网协议电视（IPTV），狭义上是指基于TV终端的；四是网络广播；五是网络电视；六是手机电视；七是楼宇电视。

新媒体作为一种新兴的传播媒介，其功能相较于传统媒体有明显的提升和拓展。一般来说，新媒体具有以下两个显著功能。第一，新媒体具备强大的内容承载能力。相较于传统媒体，新媒体能够呈现多样化的内容形式，包括但不限于文字、图形、视频、音频等。这些内容形式不仅丰富了新媒体的信息传播方式，也使得受众有了更多的选择空间。新媒体将原本局限于传统媒体的内容形式进行了整合和拓展，使信息传播更加丰富多元。第二，新媒体与受众之间建立了紧密的互动关系。在传统媒体时代，信息传播过程中受众往往处于被动接收的地位，很难对传播内容产生直接影响。而新媒体的出现改变了这一局面，使受众不仅可以主动选择关注的内容，还可以参与内容的创作和传播过程。这种互动性提高了受众的参与度，也使信息传播更加具有针对性和实效性。

新媒体在接收方式和传播载体上也与传统媒体有所不同。一方面，新媒体的收视终端发生了变化。相较于传统的电视机，新媒体的收视终端更加多样化，如个人电脑、手机等移动设备，使得受众可以随时随地获取信息。另一方面，新媒体的节目传输载体也发生了改变。相较于传统的有线电视网络，新媒体依托互联网进行信息传播，使节目资源更加丰富，传播范围更加广泛。

## 三、新媒体的特点和优势

### （一）新媒体的特点

新媒体，这个强大的信息传播工具，使人类在短短三代人的时间里，从信息蛮荒时代迅速过渡到信息爆炸时代。新媒体的诞生，开启了人类文明世界飞速发展的新纪元。

新媒体的出现，如同一股强大的力量，推动着社会进步的齿轮。它改变了人们的生活方式，使获取信息变得前所未有的便捷。无论是国际大事，还是生活琐事，人们都可以通过新媒体第一时间了解。新媒体成为人们获取知识、交流思想、分享经验的重要平台，同时，新媒体也改变了人们理解世界的方式。在传统媒体时代，人们受到地域、文化、语言等因素的限制，对世界的认知存在诸多局限。新媒体打破了这些壁垒，让人们能够站在全球的视角来看待问题，促进了人类对世界的理解和包容。更为重要的是，新媒体成为新发明和新服务的源泉。众多创新型企业依托新媒体平台，为人们提供了便捷的在线服务，满足了人们多样化的需求。从购物、出行、餐饮，到教育、医疗、娱乐，新媒体无处不在。

然而，新媒体带来的改变还远未结束。在未来，新媒体将更加紧密地融入人们的日常生活，成为推动社会进步的重要力量。我们可以预见，新媒体将引领人类迈向一个更加便捷、智能、互联互通的时代。综观现阶段已有新媒体，主要呈现出以下特点。

1. 平等性与交互性

新媒体的出现，对传统媒体的传播方式产生了深远影响。在传统媒体时代，信息的传播主要是单向的，信息从传播者传递给接收者，接收者被动接收和消化信息。新媒体的兴起打破了这种单一的传播模式，使媒体与受众之间、受众与受众之间建立起一种多元化的互动交流关系。首先，新媒体让信息传播者与接收者的身份变得模糊。在传统媒体时代，传播者和接收者的身份是明确的，在信息传播过程中，一方是信息的发布者，另一方是信息的接收者。而新媒体时代，这种界限被打破，每个人既可以成为信息的传播者，也可以成为信息的接收者。在这种环境下，传播者和接收者之间的地位实现了平等，每个人都有机会发表自己的观点和看法，每个人的声音都有可能被更多人听到。其次，新媒体实现了信息传播的双向互动。在传统媒体时代，信息传播主要是单向的，很难实现信息的及时反馈。在新媒体时代，信息传播者可以迅速收到来自接收者的反馈，并根据反馈调整自己的传播策略。这种双向互动的信息传播模式，使信息传播更加精准，更能满足受众的需求。此外，新媒体环境下的信息传播还具有多向互动的特点。在网络论坛、线上聊天等交互式信息传播模式中，信息不再是单向流动，而是可以在多个方向上进行传播。这种多向互动的信息传播方式，使信息更加丰富，也使受众能够从多个角度去理解和把握信息。

2. 即时性与快捷性

新媒体技术赋予了新媒体即时性与快捷性的特点，从根本上打破了传统媒体在时间上的限制，实现了信息的即时传播。新媒体使用户得以在任意时间、地点接收信息，消除了信息传播对时空的依附性。相较于传统媒体，新媒体成为迄今为止速度最快的传播载体，可以短时间内将信息传递至分布在各地区的接收者。

3. 开放性与共享性

随着新媒体技术的飞速发展，信息的传播已经逐渐打破了地域束缚，让全球联系得更加紧密。新媒体的代表性载体——互联网，已经将整个世界融为一个整体，使信息传播呈现出前所未有的开放性和共享性。新媒体为人们带来了丰富的信息资源，其中强大的网络搜索功能更是满足了网民获取信息的需求。通过新媒体平台，人们可以轻松实现信息共享，让全球范围内的信息交流变得更加便捷、高效。

4. 虚拟性与匿名性

在网络世界中，信息的传播、记录和存储主要以数字信号的方式进行，包括文本、图片、音频、视频等形式。这些信息在网络中以虚拟符号的形式存在，使网络世界成为一个虚拟性的独特空间。在网络世界中，传播者和受众的角色具有高度的虚拟性。在传统的信息传播中，信息的发出者和接收者通常以真实身份进行交互。然而，在网络世界中，真实身份信息均由抽象的符号代替，如用户名、头像等。这些符号使信息交流双方可以在保持一定程度的匿名性的同时，进行高效、即时的沟通。

（二）新媒体的优势

1. 信息发出者

新媒体的信息发出者主要包括通信网络运营商、SP 和 CP（服务提供商和内容提供商），以及信息终端用户三类。其中，通信网络运营商、SP 和 CP 担任着信息的主要发出者角色，在信息流中占据主导地位，发挥着关键作用。与此同时，信息终端用户主要扮演着信息流的消费者，在接收和处理信息的同时，也会对信息进行一定程度的反馈，信息终端用户处于信息流的低势位。

2. 信息接收者

（1）身份多样

新媒体庞大的用户群体赋予其广泛的包容性，无论身份地位如何，各类人群都能成为新媒体的受众，且能在其中寻找到适合自己的位置及所需信息。

（2）自由度高

传统媒体倾向于"主导受众型"，而新媒体表现为"受众主导型"。在这种模式下，受众在新媒体中拥有更大的选择权。相较于传统媒体，新媒体提供了更为自由的信息阅读方式，允许受众对其内容进行调整和改变。

3. 信息的载体

（1）技术含量更高

相较于传统媒体，新媒体的技术含量更高。新媒体具有二维空间（有可能突破多维）的特性，依托于计算机语言生成技术；而纸媒局限于单维空间（除拼图识卡通外），主要依赖于印刷技术；电视媒体则以三维空间为表现形式，主要采用成像合成技术。

（2）边界开放

相较于传统媒体，报纸的地理局限性显而易见。新媒体近乎无界，几乎没有地域约束。新媒体的"开放性"催生两大挑战。首先，媒体的竞争态势加剧。在平等的传播手段下，新闻竞争不可避免地日趋激烈。其次，开放性引发叠加效应。地域性新闻，可在当日传播至全国乃至全球，展现了新媒体极强的信息放大功能。

（3）容量无限

相较于报纸和广播、电视，新媒体通信网络在时间和空间方面具有明显优势。在时间上，新媒体通信网络可以实时传播信息，让受众第一时间了解到全球各地的最新动态。在空间上，新媒体通信网络几乎没有限制，无论是国内还是国外，都可以轻松覆盖。这种时空上的无约束性，使新媒体通信网络在信息传播上具有极高的自由度。新媒体通信网络的唯一限制是容量，而容量受限的主要因素是计算机存储空间和网络带宽。然而，随着科技的发展，这两者都可以轻易扩大。计算机存储空间已经从过去的几个 GB 发展到现在的数个 TB，甚至更高。网络带宽也是如此，从最初的 10Mbps、100Mbps 到现在的高速光纤，甚至 5G、未来的 6G，带宽将不再是限制因素。从理论角度来看，只要满足计算条件，一个新媒体中心便可以具备满足全球信息存储和传播的能力。

（4）形式丰富多样

新媒体形式丰富多样，相较于纸媒的单一形式和电视媒体的丰富表现，新媒体实现了文字、广播和画面的整合。"多媒体化"成为新媒体的一大特点。此外，"超链接化"是新媒体与传统媒体的显著区别，通过超链接技术，新媒体能够实时、无限地扩展内容，变得更具活力。凭借巨大的容量，新媒体可以以专题形式整合大量资料，对内容进行更深入、更细致的报道。

（5）存取方便

新媒体除具备大容量特性外，还具备易检索性。新媒体能够随时存储内容，且查找过往内容及相关内容颇为便捷。相较之下，纸媒虽可存储，但查询不便；电视媒体则无法自行暂停阅读（播放）来进行存储，需依赖第三方介质。

4. 信息的形态

（1）多元性

从技术上讲，人人都可以充当新媒体平台的信息发布者。这打破了新闻机构才能发布新闻的局面。内容发布者身份的不确定和目的的不确定造成信息内容包罗万象。这一结果充分满足了信息消费者的细分需求，但也导致信息难以控制，冗余信息充斥新媒体空间。

（2）个性化

新媒体的一个重要优势是其高度个性化的服务。在传统媒体时代，受制于技术限制，各类媒体几乎都是广泛面向大众的，无法实现精准推送。然而，新媒体的出现彻底改变了这一局面。它以独特的技术优势，使个性化服务成为可能。得益于新媒体强大的数据分析能力，通过收集和分析用户的浏览历史、兴趣爱好等信息，新媒体可以精确地了解用户的需求，从而推送符合用户口味的内容。这种个性化服务使用户能够更快捷地获取自己感兴趣的信息，提高了信息的接收效率。在传统媒体时代，受众往往只能被动地接受统一的内容，无法满足个性化需求。新媒体则赋予了用户自主选择权，每个人都可以根据自己的喜好在新媒体平台上寻找合适的信息来源。这种高度的自由选择权使用户能够更加主动地参与信息获取过程，提高了信息的接收满意度。

（3）界面

报刊版面具有规律性，其在权重、主次之分、标题处理及版面区域布局等方面，均有自身特色。广播电视以时间流分配信息，节目内容需要围绕时间轴科学安排。同时，传统媒体的报道是线性的。新媒体则主要运用强大的软件和网页呈现内容，其内容组织是网状的，没有平面布局的概念，因为它可以轻松地实现24小时在线，所以时间的概念几乎不存在。

（4）新闻形式

新媒体新闻稿以传播迅速和简短精练见长。在新媒体平台上，长篇的新闻稿并不适用，甚至难以立足。网络新闻标题的制作注重简洁明了，直击要点，而非过分关注形式上的细节，如标题的对仗、平仄、工整及文法等。即便形式上的要素处理得再出色，如果重点不够突出，也难引起人们的关注。

（5）广告

传统的电台和电视台虽然有强大的硬件设备、精良的节目和广泛的受众群体，但是节目中间密密麻麻的广告，无疑是广大听（观）众最为反感的事情。相对而言，新媒体的直接广告很少，而且不能强迫读者阅读。新媒体的广告更多以一种"软广告"和信息的形式存在。"关键词"广告是新媒体中具有代表性的一种广告形式。

5.信息的反馈

（1）实时性

与传统的报纸、广播、电视等媒体相比，新媒体的独特之处在于其不受时间限制。信息的加工和发布不再受制于固定的时段和时效，而是可以随时进行。这种革命性的变化，让信息传播变得更加灵活和迅速。在纸媒和电视媒体的时代，反馈渠道相对单一，信息的传播效果很难实时监测和调整。新媒体的反馈系统更为健全，不仅可以实时收集用户的观看、阅读数据，还可以通过评论、分享等功能实现信息的二次传播。新媒体的传播方式具有滚动性和连续性，与传统媒体的定时定量不同，新媒体的信息传播是全天候不间断的。新媒体的立体性、非线性传播特点，使受众可以随时随地获取信息。这种个性化的服务，正是新媒体能够吸引大量受众的关键。

**（2）交互性**

在传统媒体时代，媒体的地位相对较高，它决定着受众获取哪些信息，互动性较弱，受众的反馈通常显得无力。纸媒的互动性较弱，对象感也不强。尽管后来采用了电子版本，但这种互动仅停留在读者热线、读编往来等阶段，仅仅是辅助手段。电视媒体的交互性也仅限于专题节目，受众在信息传播过程中的参与度较低。随着新媒体的崛起，媒体的交互性得到了极大提升。新媒体独特的网络介质使信息传播者与接收者的关系走向平等。在新媒体环境下，受众不仅可以与媒体进行互动，还可以与其他受众展开交流，从而发出更多的声音，影响信息传播者。这种极强的交互性使新媒体在信息传播、观点交流等方面具有更大的优势。

## 第二节 新媒体时代高校思想政治教育的理论阐释

进入 21 世纪，科技迅猛发展的浪潮推动了新媒体在政治、经济、民生等多个领域的广泛应用，使其成为新时代衡量国家软实力的重要指标。新媒体已深度融入人们的日常生活，特别是对于当代大学生，他们的学习方式、生活方式、思维模式、思想观念乃至意识形态均在一定程度上受到新媒体的影响。在不知不觉中，新媒体时代已全面到来。

### 一、新媒体的信息传播规律分析

深入探究并熟练掌握新媒体的信息传播规律，有利于将新媒体有效应用在大学生思想政治教育创新实践中。

#### （一）信息引爆"热点"规律

新媒体的发展势头日益迅猛，已经逐渐成为我国乃至全球新闻热点的"发源地"，甚至在某种程度上引领着舆论的走向。以微博话题榜为例，其热度的生成和传播的大致过程如下：知情网友"爆料"，发起话题；引发公众关注；对话题展开讨论，形成正反两方观点；双方展开激烈论战，不断挖掘新论点和新论据；知情网友进一步揭露，加深公众的认识；随着事件升温，有关部门介入调查，当事人回应；后续报道不断跟进。整个过程一般会持续两到三个月，根据事件受关注度不同，时间略有变动。在新媒体环境下，信息传播的规律呈现出上述特点，有利于广大人民群众对外清晰了解国际形势，对内监督各项工作的开展。同时，新媒体为众多怀揣为祖国建设添砖加瓦梦想的大学生提供了一条理性的爱国之路。如今，新媒体已经成为社会各界信息交流的重要平台、民意表达的主要渠道及社会互动的场所。

### （二）信息传播效果的"池塘效应"规律

根据经济学原理中的"池塘效应"，当我们观察到事物的发展呈现指数级增长时，不应低估其发展速度和潜力。实际上，巨大的变化可能就在下一秒突显出来。当一条看似微不足道的信息出现在网络环境中，初始阶段可能并不会引起人们的广泛关注，仅仅被视为新闻报道中一笔带过的内容。然而，在经过一段时间的"发酵"之后，这条信息会以"主角"的身份强势回归。随后的时间里，就是该信息"狂轰滥炸"般的传播。

### （三）信息传播模式的"六度分割"规律

"六度分割"理论，以其网状结构，通过不超过五个环节的设置，能够在陌生人之间建立联系。在新媒体环境中，该理论所衍生的"弱链接"关系，成为推动信息传播的关键驱动力，而这正是由网络的交互性决定的。"六度分割"理论虽有不完善之处，但强调了各节点间的内在联系，并凸显了这种"弱链接"关系，实现了信息在各类社交圈层的有效传递。

## 二、新媒体与思想政治教育的关系思辨

新媒体作为一种具有鲜明特点和独特魅力的传播工具，已经在我国大学生群体中产生了深远的影响。它不仅改变了大学生的学习方式、生活习惯，还对他们的思维方式、价值观念产生了不同程度的影响。在这个信息爆炸的时代，大学生作为高校思想政治教育的主要受众群体，他们的思想观念和价值取向的变化，必将对我国高校思想政治教育产生深远影响。

### （一）新媒体对大学生思想行为产生的影响

当代大学生群体主要由"00后"构成，他们在新媒体时代成长起来，对新鲜

事物和先进技术有很强的兴趣和接受能力。因此，大学生无疑会成为新媒体的忠实拥趸，并在追随新媒体的过程中受到深远影响。

1. 改变了大学生的学习方式和生活习惯

伴随着新媒体技术的不断进步，大学生的学习环境得到了显著改善。大学生根据个人兴趣在新媒体中搜寻相关信息，最大限度地降低了信息获取成本。新媒体的发展逐步改变了大学生的学习方式，使他们的学习方式从被动接受教育转变为主动探索，教育方式也从灌输式教育转变为启发式教育。新媒体提供了丰富的网络信息资源，大学生得以在新媒体中获取相关学科领域的前沿资讯。学习资源的共享，拓宽了大学生的视野，丰富了其思想内涵。在使用新媒体学习的过程中，大学生不断提升自身学习意识和分析能力，切实提高了学习的主动性。在生活方面，新媒体满足了大学生生活上的需求。借助手机、电脑、平板电脑等移动通信设备，大学生可以轻松完成购物等活动。现代即时通信工具，打破了时间与空间对大学生人际交往的限制，拓展了他们的交友空间。

2. 影响了大学生的思想观念和价值取向

新媒体时代的到来，使大学生能够在信息海洋中自由地表达观点、交流看法，逐渐形成独立思考的能力和批判精神。大学时期是个体思想观念和价值取向逐渐成形、发展的时期。在这一阶段，大学生的思想具有极高的可塑性，他们积极寻求自我认知。新媒体的崛起，为大学生提供了丰富的信息来源，消解了传统媒体中的权威意识，打破了单一的话语垄断格局。新媒体的全球化特性决定了其内容的多元化，不同地域、国家的思想观念、价值观及道德标准等在此相互碰撞。这使得大量信息直接呈现在大学生面前，他们在潜移默化中受到影响。这种多元化的文化碰撞，基本消解了大学生以往的权威崇拜和一元价值取向，使得他们的价值取向由呈现出多元化和差异化的趋势。

3. 提高了大学生的社会化参与程度

社会化的终极目标是塑造个体的独立人格。在传统社会化过程中，大学生的知识与认知能力主要依赖于家庭传承与师长教导。然而，在新媒体环境下，文化多样性日益凸显，大学生在日常生活中接触并吸收多元文化，逐渐形成个人独特见解。大学生可借助网络实践积极参与时政热点讨论，为国家发展贡献智慧，将理念付诸实践，以满腔的热忱投身于服务人民、回馈社会的实际行动中。

## （二）新媒体在培育和践行社会主义核心价值观中的作用

社会主义核心价值观作为思想政治教育的基本内容，对国家的稳定及未来的繁荣昌盛具有深远影响。在当前多元化的世界文化交流碰撞的复杂环境下，以及改革开放和社会主义市场经济持续发展的背景下，积极培育和践行社会主义核心价值观，对于巩固马克思主义的核心指导地位，实现中华民族伟大复兴的中国梦，以及提升大学生思想政治教育的实效性，具有重大而深远的意义。

1. 传递信息，塑造大学生主流价值观

在新媒体时代，我们可以充分利用信息传播的规律，通过意见领袖的影响力，让社会主义核心价值观在大学生群体中得到广泛传播。通过议程设置模式，我们可以引导大学生关注正确的社会议题，进而塑造他们的主流价值观。

2. 反馈信息，搭建民意交流平台

交互性作为新媒体时代的重要特征之一，正在改变着信息传播的方式。在新媒体环境下，信息传播不再是单向的、线性的过程，而是转变为双向的、互动的过程。这种交互性不仅拉近了信息传播双方之间的距离，也让平等对话成为现实。在这个背景下，高校可以利用新媒体平台，如政务微博、官方微信等，与大学生建立起更加紧密的联系，了解他们的所思所想，倾听他们的意见和建议，并在此基础上作出及时的反馈和回应。

3. 及时报道，扩大正能量影响

我们要认识到，新媒体在公益事件报道中的作用至关重要。它通过生动、立体的表现形式，使公益事件深入人心，使大学生对国家、民族产生强烈的认同感。这种认同感，是推动他们积极践行社会主义核心价值观的动力源泉。新媒体在公益事件的报道中，巧妙地运用声、画、光等元素，以直观、高效的方式激发大学生的爱国热情和民族自豪感。这不仅有助于凝聚践行社会主义核心价值观的中坚力量，还为培育和践行社会主义核心价值观创造了良好的舆论环境。

## （三）思想政治教育引领并转化新媒体的内容

新媒体作为技术与载体的集合，在高校思想政治教育中是一把"双刃剑"。一方面，它为大学生的学习和生活带来了诸多便利，激发了他们的创新思维，拓宽了他们的知识视野；另一方面，新媒体的普及也对大学生的思想和价值观念产生了一定的负面影响。在技术不断进步的今天，全球文化交流日益密切，各种文化之间不断碰撞、交融。新媒体时代的到来进一步拓宽了民众的思维，使多元意识形态在网络文化的发展中大行其道。这些意识形态在一定程度上冲击了我国传统的文化观念和价值体系，对广大网民，尤其是尚未形成稳定世界观、价值观的大学生产生了重要影响。一些不良信息通过新媒体平台传播，可能使大学生对我国社会主义核心价值观产生怀疑、动摇，甚至背离。因此，在新媒体环境下，如何加强大学生思想政治教育，抵御各种错误思想侵蚀，成为摆在我们面前的一项重要课题。

思想政治教育工作者应充分发挥其积极作用，创新思想政治教育载体，丰富教育内容。同时，他们需主动占领新媒体这一有效传播阵地，引领其发展方向，净化其内容。教育工作者通过在新媒体平台持续开展思想政治教育工作，将传统思想政治教育内容转化为适应新媒体传播环境、易于网民接受的形态。以高尚道德情怀为主旋律，弘扬社会主义核心价值体系，对多元文化交流与融合进行规划与引导。针对网络热议话题，通过议程设置等方法，有效引导网民进行正向讨论。对国外相关的网络信息，取其精华、去其糟粕，兼容并包。在坚定中国梦伟大理想的基础上，吸收先进文化，不断发展。通过不断占领新媒体传播阵地，宣传社会主义核心价值观，使大众接收到的信息主要为先进、积极的正能量信息，进而促使网民自觉抵制网络低俗文化，降低相关视频和网站的点击率。以群众自发的力量将其屏蔽，逐步将其淹没在海量数据的洪流之中，从而真正发挥引领和转化新媒体的作用。

## 第三节  新媒体时代高校思想政治教育面临的机遇与挑战

新媒体时代，高校大学生思想政治教育面对的新问题与新情况是从未有过的。一方面，新媒体时代的到来使思想政治教育环境变得更为复杂，对工作队伍和工作模式构成挑战，同时对大学生的思想、行为及价值观产生影响；另一方面，新媒体的发展和普及也为完善和加强大学生的思想政治教育工作增添了新的手段和途径，有利于大学生主体性的发挥，能够切实增强思想政治教育的实效性。所以，认真分析和探讨新媒体对大学生思想政治教育工作所产生的影响，是新媒体时期高校思想政治教育首先需要做好的工作。

## 一、新媒体时代高校思想政治教育面临的机遇

### （一）为高校思想政治教育提供了更为广阔的平台

传统的高校思想政治教育工作是以课堂为主要平台，辅以交流会、面谈等形式，手段比较单一，还受到时间、场地的限制，往往难以全面深入地了解大学生的真实思想动态，对关键问题的把握也不够精准，导致思想政治教育效果不尽如人意。新媒体技术创造了一个全新的思想政治教育平台，使思想政治教育工作者有了更多了解大学生思想状况的渠道。教师和学生互加好友，在虚拟的世界中，大学生能够敞开心扉地表达自己的情感，让从事思想政治教育工作的教师能够对他们的思想动态一目了然，而新媒体超强的互动性让教师能对学生出现的问题给出及时的有针对性的指导意见，能够根据大学生的各种心理需求，有效地实现先进思想、先进文化的引导与传播，帮助大学生培养正确的世界观、人生观和价值观。当前各高校思想教育部门纷纷建立微博、微信公众平台，以便更广泛地开展思想政治教育活动。

### （二）为高校思想政治教育提供了新的载体

高校思想政治教育的方式分为显性教育和隐性教育。显性教育主要包括课堂教学、交流会、先进事迹报告会、谈心等形式，是指通过有意识的、外显的、直接的活动让大学生受到有形的政治教育。显性教育在我国的思想政治教育工作中起到了举足轻重的作用，促进了我国思想政治教育事业的长足发展。隐性教育常采取"迂回""渗透"的教育形式，不直接作用于受教育者。它在日常生活中渗透教育内容，用春雨润物和潜移默化的形式对大学生的思想、感情、道德观念、生活态度形成影响。在新媒体时代，高校从事思想政治教育工作的人员应当利用互联网上重大的国际、国内新闻事件来对大学生进行隐性思想政治教育。教育工作者可以通过组织事件沙龙或在论坛提出主题讨论的形式，与大学生形成一种双向互动的局面，在无形中传播高校大学生思想政治教育的要求。

高校应充分利用新媒体丰富的信息资源，构建高效信息平台，以大学生喜爱

的形式开展有针对性的宣传教育活动，使他们在愉悦的氛围中接受党的路线方针政策和科学理论教育。

### （三）促进高校思想政治教育主体性的发挥

得益于信息技术的迅猛发展，一种以学生为主体、教师为主导的新型师生关系正在逐步确立。在新媒体条件下，大学生的主体性得到了更为充分的展现。

第一，大学生自主选择的权利有了大幅提高。借助新媒体，大学生能够灵活选择相关内容，关注信息的发展，使学习知识的过程由静态走向动态、由平面变为立体。在新媒体的环境下，大学生不再受限于传统的教学方式，而是可以自主地选择学习的内容和方式。这不仅有助于提高大学生的学习兴趣，还能激发他们的创造力，使学习过程更加生动有趣。新媒体为大学生提供了一个丰富的信息接收、传播和展示的平台。在这个平台上，大学生可以根据自己的需求和兴趣选择学习内容，真正实现了个性化学习。这种自主选择学习内容的方式，使大学生们从被动接受知识转变为主动探索知识，从而提高了学习效果。在新媒体平台，"每个人都是媒体人"，既是信息的接收者，也是信息的生产者和传播者。大学生可以根据自身的认知和兴趣来调整接收信息的顺序和创造新的信息，做到了由被动接收信息到主动提炼并控制传播的改变。这就有效提高了大学生自主选择的权利，让学生有可能成为学习和创造信息的主体。

第二，大学生的个性得以展现，话语权增强。"00后"大学生普遍具备独立而完整的个性特质，十分强调个性的表达。与传统媒体比较，新媒体平台不再有各种妨碍个体展示的障碍，学生每人手里都有一个话筒，让他们能真正表达个性、展示自我，个性得到充分尊重，主体意识充分觉醒。在新媒体开放、自由的环境下，大学生能够随时提出问题、发表意见、获得建议，在与教师的平等对话中满足了自我需要，让教学相长的教学理念得以践行。

### （四）有利于增强高校思想政治教育的实效性

在探讨高校思想政治教育工作的实效性时，我们首先要明确，实效性是指实践成效或实际功效，它是预期目的与实际结果之间的张力关系。在这个过程中，实际活动结果与活动目标的实现程度，以及实现的效果如何，都是衡量实效性的重要标准。高校思想政治教育工作的实效性既是出发点，也是落脚点。作为出发点，它要求我们在开展教育工作时，必须关注实际成效，以确保教育的实践价值。换句话说，我们在进行思想政治教育时，要关注教育的实效性，使之真正服务于大学生的成长与发展。同时，实效性作为落脚点，意味着我们要根据实际效果来评估和调整教育工作。我们在实施思想政治教育时，要密切关注实际成果，以便及时发现问题、弥补不足，从而确保教育目标的实现。

### （五）有利于形成高校思想政治教育的合力

高校思想政治教育要形成合力，势必要联合多方的力量，整合各种资源。新媒体成为形成这种合力的"黏合剂"。

首先，新媒体使大学公关凝聚力增强。如今，新媒体逐渐成为高校的"媒介公关"主战场，在高校风采展示中发挥了越来越重要的作用，校园新闻网、BBS（网络论坛）、校园微信公众平台、官方微博等新媒体平台，传播内容多样，学生参与积极，对高校建设起到形象提升作用。同时，对于高校自身发展也可起到监督作用，成为高校向外界展示的重要途径。例如，福建师范大学通过构建"五微"传播教育平台，展示了高校的独特文化与风采，成为学校的一张靓丽名片。

其次，新媒体规约舆情形成抵抗力。高校的舆情环境需要一定的抵抗力。在新媒体时代，容易产生不良的网络信息，微信、微博谣言泛滥，一条内容敏感的微信就会造成大学生思想上的混乱、信念上的动摇。因此，在面临突发事件时，高校思想政治教育工作者应立即通过正规渠道向大学生阐述事实真相，表达明确立场，以取得大学生的认同与理解。通过通畅、高效的信息反馈平台，大学生能够第一时间将自身或学校发生的情况反馈给一线思想政治教育工作者。收到反馈信息后，高校思想政治教育工作者应迅速关注并解答，借助新媒体与传统媒体共同构建起全面的政治思想教育体系。

最后，新媒体搭建大学生网络学习平台形成吸引力。通过网络视频课程的下载和播放，大学生可以在不同地域受到相同的教育。通过视频进行线上谈话和线上交流，把现代信息技术运用于高校思想政治教育。在增强大学生公关凝聚力的基础上，借助抵抗力的作用进一步增强自身吸引力，最终形成新媒体作用下的高校思想政治教育工作的合力。

## 二、新媒体时代高校思想政治教育面临的挑战

### （一）挑战传统思想政治教育教师的主体地位和权威性

高校的思想政治教育工作是由思想政治教育者实施的，教育者在传统的思想政治教育工作中处于一种权威的优势地位，在大学生面前一直是知识广博的教育者形象。通过这种权威上的优势，思想政治教育者得到了受教育者的尊重、信任和支持，使教育活动得以展开。

在传统的思想政治教育过程中，教育者比较容易树立权威。一是因为知识的更新和流动速度慢，二是知识相对封闭。在新媒体时代，教育者的信息优势已经失去，网络的平等性、交互性对思想政治教育者的权威提出了挑战。大学生在校期间的学习能力处于相对较强的时期，学习和接收信息知识的速度和能力都比较快，有些话题或信息，可能比高校教育者掌握得更快、更加全面，导致高校教育者处于相对被动的地位。新媒体技术的特点就是受众的相互联动，基于新媒体，大学生不再愿意单纯接受思想政治教育者的教育灌输，而是渴望通过对话进行交流。大学生能够通过网络获取各类公开或内部、真实或虚假的信息，而教育者却时常处于信息劣势地位，教育者提及的"新鲜事物"，大学生或许早已了解，而大学生所传递的新词汇，教育者却可能前所未闻。传统思想政治教育工作过程中教育者的信息优势已逐渐削弱。当前一线教育者尚未深入理解新媒体环境下思想政治教育工作的新规律和新特点，在新媒体的应用上存在困难，从而导致思想政治教育者的主导性和权威性受到显著冲击。

### （二）新媒体的开放性挑战高校思想政治教育

开放和自由是互联网的灵魂和精髓。一直以来，意识形态、舆论导向的斗争在国际和国内都存在，并有愈演愈烈之势。习近平总书记指出："能否做好意识形态工作，事关党的前途命运，事关国家长治久安，事关民族凝聚力和向心力。"[1]习近平总书记强调："推动媒体融合发展、建设全媒体成为我们面临的一项紧迫课题。我们要加快推动媒体融合朝着正确的方向发展，做大做强主流舆论，使主流

---

[1] 中国共产党新闻网. 守牢党和国家意识形态工作的前沿阵地[EB/OL].（2015-05-16）[2023-07-21]. http://www.71.cn/2015/0916/837445.

媒体具有强大传播力、引导力、影响力、公信力。"①

### （三）挑战现有高校思想政治教育内容

高校的思想政治教育工作内容，不仅是思想政治教育性质的体现，也是实现教育目标和任务的关键保障。在这个意义上，我们可以认为，思想政治教育工作是教育的灵魂，是其不可或缺的一部分。传统教育模式下的教育内容与教育目的具有高度的趋同性和一致性，强调培养学生的社会主义核心价值观，提高他们的思想政治素质。然而，这种模式的局限性在于，它可能导致教育内容的平面化和静态化。这意味着，教育内容可能过于强调理论知识的传授，而忽视了学生的内在需求和个性发展。这种情况下，学生可能觉得教育内容与自己的生活实际相去甚远，难以产生共鸣。因此，如何在保持教育内容与教育目的的一致性的同时，充分关注学生的个体差异和需求，是当前高校思想政治教育工作面临的一大挑战。

随着新媒体时代的到来，大学生获取信息的渠道变得更加广泛。网络的便捷性使大学生都可以轻松从新媒体中获取主流信息和非主流信息。这使大学生面临着前所未有的信息过载问题，对于他们的信息筛选和鉴别能力提出了更高的要求。受到文化多元化的影响，大学生对自由言论表现出极大兴趣，激发了原始的个体精神和叛逆心理。这种背景下，大学生对传统说教和既定道德规范产生了一定的反叛情绪。他们更倾向于通过自己的思考和探索，形成自己的世界观和价值观。新媒体的交互性、及时性、言论自由性和内容随意性对当前高校思想政治教育工作的主体内容构成了挑战。面对这一挑战，高校需调整思想政治教育策略，创新教育方式，以适应新媒体时代的发展。

## 第四节　新媒体时代高校思想政治教育的优化策略

随着科技的发展与进步，新媒体也在不断发展，在这样的背景下，大学生不论是在生活模式上还是在世界观和价值观上都产生了深刻的变化，与此同时，高校思想政治教育的内在环境与外在环境也出现了变化。基于此，高校思想政治教

---

① 求是网. 加快推动媒体融合发展国家战略——学习习近平总书记关于推动媒体融合发展的重要论述[EB/OL].（2023-06-21）[2023-07-21]. http://www.workercn.cn/2023-06-19/7881358.shtml.

育面临全新的挑战。所以,高校思想政治教育应努力创新,在遵循事物发展规律的前提下,努力寻找新方式,发掘新思想,尝试新内容,开拓新媒体视域下高校思想政治教育的新局面。

## 一、新媒体时代高校思想政治教育指导理念的优化

### (一)坚持以社会主义核心价值观为理论指导,优化新媒体传播环境

随着新媒体影响的持续扩展,思想政治教育者的权威被削弱,大学生的沟通方式发生转变,国内主流意识形态受到了挑战,这给高校思想政治教育带来了大量的问题。在新媒体环境中,所有个体都拥有相对独立的自由空间,不再受到传统监管模式的束缚。因此,大学生会接触多样化的价值思想,这让他们的价值选择出现混乱与迷茫。因此,新媒体形势下,必须强化社会主义核心价值观的引导作用,从而让新媒体传播的环境得到优化,高校思想政治教育得到革新。

培养高素质的人才不仅是国内教育界关注的话题,也是开展高校思想政治教育的本质目标。在国民教育中,高等教育是一个关键的构成部分,将培育和践行社会主义核心价值观融入高校思想政治教育的整个过程之中,是提高大学生价值理念教育的实效性与针对性的时代要求。如今高校的学生,尤其是刚刚迈入高校大门的学生,他们的人生理想、价值理念既是稳定的,又是发展的,这就要求在对大学生进行思想政治教育时,要以社会主义核心价值观为主导,始终用一元引导多元。高校要持续探索如何充分运用新媒体优势,将社会主义核心价值观用差异化的形式转变成大学生思想理念与道德质量的标杆与灵魂,让大学生形成一种坚定高尚的理想与信念,从而在传播源头优化新媒体传播环境。

### (二)真正实现新媒体思想政治教育与现实思想政治教育相结合

新媒体给人们打造了一个虚拟化的世界,给人们的生产与生活打造了一个虚拟化的空间。然而,不管是现实社会,还是虚拟世界,都依托于人类的生产与实践,两者的关联与互动性立足于共同主体的实践之中。学校新媒体网络社区就是新媒体虚拟空间和现实社会关联和互动的鲜明证据,彰显了思想政治教育把虚拟和现实结合起来的必然性。

第一,学校新媒体网络社区由学生实际生活中的社会沟通网络与技术网络互

动形成。在众多学校新媒体网络社区内，许多志同道合的个体汇聚形成了网络组织，现实生活中很多正式与非正式的组织都有其所属的网络社交群，线上党团组织也有自己的党员小组群和支部群。上述网络组织因为在现实生活中有稳定的组织构架，有较强的凝聚力，所以可以在新媒体空间中吸引并影响高校的学生，在思想政治教育方面也能作出较大的贡献。新媒体网络组织的打造与其教育意义的发挥和实际生活中的组织打造有着紧密的关联。实际生活中，组织打造得好，就意味着新媒体中的组织也有着强大的战斗力与凝聚力，继而有助于新媒体思想政治教育工作有序开展，新媒体网络组织的发展也可以推动实际生活中组织的完善与提升。线上线下的组织打造互相支撑，可以强化思想政治教育对大学生的凝聚与团结作用，有助于达成教育实效。

第二，伴随着新媒体在实际生活中的运用逐步普遍与深化，新媒体空间慢慢成为大学生日常学习与生活中必不可少的构成成分。学校网络空间不仅承载着现实生活的丰富内涵，也持续产生新的生活方式，形象而细致地彰显了大学生文化生活的革新。开展新媒体思想政治教育，应当在网络和实际生活的关联和互动作用中研究并寻求解决各类问题和矛盾的办法。在实施教育时，不仅要在网络上展开交流和沟通，通过语言引导来化解矛盾，也要在实际生活中找寻问题的起因，有针对性地展开教育。

### （三）正确树立"以生为本，重视个体"的教育理念

在人的需求中，个人得到尊重的需求是高等级的需求。在高校思想政治教育中，满足个体获得尊重的需求成为取得预期成效的关键。鉴于此，对于思想政治教育教师而言，应该在教学中坚持以诚待人、以理服人、以情动人的态度，应该采用多样的、民主的、平等的教学方法。在新媒体不断发展的今天，在高校思想政治教育功能工作中，应该及时更新教育思想，即"以生为本，重视个体"，只有这样，思想政治教育工作才能获得较好的成效。

首先，必须遵循高校思想政治教育的总规律，掌握新媒体的未来发展方向。在新媒体教育方法、教育内容、教育环节、评估指标、活动载体等方面的规划与施行上，都必须考虑到是否可以真正将大学生的思想问题及其内心的疑惑解决。

其次，在新媒体思想政治教育过程中，应当尊重学生在思想引领过程中的主体地位，强调学生自身的尊严和人格，重视情感因素的作用。尊重学生主体地位，

深入研究并精心挑选适宜的教学内容与教育方法,从而给高校的学生提供系统化的信息资源。在新形势下,高校必须在坚持党的方针、政策与路线的基础上,持续完善思想政治教育的内容框架,开展对应的教育活动。

最后,对大学生进行引导,让大学生完成自我教育,尽可能调动大学生的积极性与主动性。大学生成长于新媒体时代,不管是选择媒体还是使用媒体都有较强的主动性和目的性,在媒体的内容选择上更具个性化,这促使大学生的个体选择和个体的行为可以得到充分的显现。基于此,只有尊重大学生的个体差异性才能真正实现有效的思想引领。

## 二、新媒体时代高校思想政治教育内容的优化

在新媒体时代,新理论与新技术的引进给思想政治教育提供了全新的思维路径。从事思想政治教育的工作人员依托于新技术,成功打破了沟通交流的时空限制,让教育资源得以共享,使思想政治教育全民普及成为可能。所以,新媒体给高校从事思想政治教育的工作人员提供了十分新鲜和充实的素材,有利于高校思想政治教育内容革新。新媒体对高校思想政治教育内容的优化主要体现在以下五个方面。

### (一)积极引入时效性强的内容

在新形势下,高校的学生追求个性的发展,从事思想政治教育的教师要按照学生差异化的特点,制定差异化的工作目标,合理规划教育内容。此外,教师也应该紧跟时代发展的潮流,积极开展教育与引导,对大学生思想进行及时关注,在遵循大学生身心发展规律的基础上,实现传统思想政治教育工作与新闻性和时效性的结合。同时,教师也应该引导大学生重视思想政治教育工作,在进行思想政治教育工作时,将国家发展、社会焦点、民生百态等引入教育中,为教育工作增加最真实和最鲜活的教育素材。

例如,可以发挥先进典型的示范作用进行思想政治教育。在思想政治教育中,榜样教育可谓是最直接、最简明的教育方法,教育者可以从学生的身边生活中选取最合适的教育资源。从事思想政治教育的教师要坚持从差异化视角与层次着手塑造先进形象,依靠生活化的典型动力,增强思想政治教育的感染力和号召力。

## （二）科学开发多层次的内容

个体品德社会化的主要目的在于实现个体与社会规范的相互融合，将更多的内容引入思想政治教育。针对思想政治教育内容，有学者将其划分为三个部分，并且通过开发这三个部分以完成教育内容的创新。

一是资源核心，也就是高校思想政治教育课程。这是开展思想政治教育最主要的途径，教师可以充分利用校园课程资源最大限度地开展新媒体思想政治教育。

二是与核心内容相适应的背景理论的阐述与评价，如典型案例、参考资料与思想政治教育有关的网络链接等。

三是核心内容拓展，如网络公开课与名师讲座等。伴随教育内容的持续深化，新媒体发挥了更大的优势，融入了整个教育环节中，打造了一个传统教育内容和新兴教育方式相融合的教育机制，让教育职能真正得到了优化。

## （三）不断提高内容指导性

新媒体具备的一个显著特性就是开放性，针对新时代产生的新形势，面对的新问题，要坚持把社会主义核心价值观的教育、科学的教育、人文的教育、组织合作意识的教育加入大学生的思想政治教育框架内，强化教育引导，提高内容指导性，关注打造信息传播的伦理规则。

## （四）重视内容服务性

思想政治教育主要是为了解决大学生在理想与价值追求层面的问题。高校在进行思想政治教育时，应该根据大学生的不同特点来开展个性化的教学，要关注学生的心理健康问题，借助新媒体这一渠道实现对学生问题的及时发现和有效解决。教师在进行教学时，应采用因材施教的教学手段，实现"分层教育，分众教育"，对全体学生积极关注，给予学生信任和尊重，积极帮助学生解决生活和学习中出现的问题；要引领大学生形成科学的价值理念，让其能够明辨是非，分清美丑与善恶，能够抵制各种诱惑，调整自身心态、控制言行，使其合乎社会主流价值的评判标准。

## （五）传递正能量

新媒体时期的思想政治教育必须根据大学生的成长需求开展，尊重并提倡大学生的独立性、自主性、创造性及能动性，展示其青春的一面。与传统媒体相比，新媒体的思想政治教育工作更应侧重在复杂网络氛围中传递正能量。教育者要重新考虑大学生的思想政治教育承受规律，掌握并熟悉大学生的生理、心理及学习成长的特征和过程，利用新媒体手段对他们进行引导，输送正能量，从而让大学生的整体素质得到全面提升，要拓展大学生的思维空间，让思想政治教育的个性化价值与社会职能充分获得展现。在强化沟通的前提下，还应当用多向思维和多元化的交流方式与人文关怀，以未来发展的眼光，针对大学生的情况预测其未来的发展动态，降低大学生某些思想、行为偏差造成的不良影响，让大学生在富有活力的教育工作中得到正能量，持续发展并进步。

### 三、新媒体时代高校思想政治教育环境的优化

新媒体环境是继政治环境、经济环境、文化环境之后的又一个与人类生活息息相关的社会环境因素。新媒体环境系统运行状况如何、生态环境是否良好，将影响大学生的成长成才。

#### （一）积极完善新媒体相关法律

随着新媒体技术的发展，我国社会也发生了很大的变化，在产生积极影响的同时，也带来了一些不利的影响。例如，在高校中出现了很多负能量并有蔓延的趋势。在负能量的影响下，大学生的思想道德、政治意识及价值观念等都出现了很多问题，甚至出现了部分学生追求狭隘的眼前利益，导致走上犯罪道路的情况。这不仅危害了自身，还对家庭和社会产生了非常严重的影响。在这种不利的局面下，高校思想政治教育原先的灌输与说教方式已难以达到预期效果，唯有依靠法治，再融入思想层面的教育，共同产生作用，方能抵制并清除大学生认知与思想上的混乱，弥补思想政治教育依靠说教等方式带来的执行力弱的缺点，促进高校思想政治教育工作有序开展。

法律制约和思想政治教育工作在引领个体行为与保障社会发展方面相互作用、相互补充且相互支撑。高校思想政治教育强调潜移默化和学生自主感悟，主要以号召方式影响学生。一般情况下，高校思想政治教育具有明显的有效性，这种有效性融入大部分受教育个体中，但是对缺少道德觉悟与追寻的个体而言无法

发挥足够的作用。法治却不一样，其不仅可以利用具备强制力特征的法律手段给予不遵守法律的个体以惩罚，维护秩序，也能够利用给予表彰、荣誉等方式，支持人们追寻更高层次的道德，这对提升思想政治教育实效大有裨益。

政府立法与学校规章同行。政府应积极完善新媒体相关法律，通过政府立法，可以规范人们的新媒体行为，净化新媒体环境，对于不文明、有伤道德的行为进行教育或惩罚。然而，引领大学生健康、自然、科学地运用新媒体，只有政府立法是不够的，不同高校的实际情况不同，各高校还应该因"校"制宜，不失时机地制定新媒体管理条例、行为准则，以规范大学生的新媒体行为。通过以政府立法为主、高校配套相关规定为辅，可以全方位构建起高校思想政治教育的法律屏障。

高校思想政治教育工作者，应该积极向学生普及法律知识，宣传政府法律法规，并积极引导学生树立法治观念，这样做才能有效净化新媒体环境，避免大学生因为新媒体使用不当而出现违规法乱现象。在面对不文明行为或发现不良信息通过新媒体传播时，高校应该通过必要途径对不良信息实行有效管制和封堵，坚决杜绝不良信息和不良现象的传播与扩散，净化新媒体空间环境，为大学生成长成才和树立正确的人生观、价值观提供有效的保证。

### （二）健全校园新媒体管理制度

培养出全面健康发展的为社会所需要的优秀人才，既是国家对人才的需要，又是高校的光荣使命。随着新媒体技术的发展，现实生活中有许多不良的风气侵蚀着大学生的思想，这些不良风气一方面影响着大学生正确的世界观、人生观与价值观的形成，另一方面阻碍了高校全面、健康、稳定发展的步伐。因此，高校要运用一定的手段和措施来约束和规范大学生的行为，以此来协调大学生与大学生、大学生与高校、大学生与社会之间的关系，以确保大学生养成良好的思想道德品质和行为习惯。

高校思想政治教育工作因当前复杂的社会环境及新媒体技术的发展变得更加复杂和艰巨。高校在思想政治教育的过程中应该建立起完善的突发事件应急管理机制，应该有健全的组织机构和明确的责任分工，在人员安排上做到定岗定位。只有通过事前的有效控制，才能最大限度地预防和管控风险，以此来保障教学和生活秩序的常态化，进而实现高校的有序稳定发展。在校园遏制不良信息的传播还有很长的路要走，对此，我们应该从以下几个方面着手采取措施。

首先，应该建立高校舆论危机处理团队。随着新媒体的发展，人们传递信息时处于较为宽松的环境中。高校应清醒认识到大学生周围充斥各种信息，只有处理得当，才能让大学生有明确的思想，有社会责任意识，才会有稳定的校园环境，助力社会安稳。因此，当前高校思想政治教育正面临前所未有的困难。虽然大部分大学生已经步入或即将步入成年，但他们的心理发展依旧不成熟，在各种信息的包围下，思想观念难免受到影响。大学生有着非常普遍的从众心理，如果不能理性、科学处理一些敏感问题，就非常容易出现事态失控的局面，进而造成严重的影响。高校应该建立舆论危机处理团队，科学制定校园舆情应急预案，还应该采取建立大学生心理档案的措施来解决突发问题。在紧急事件时，开启应急预案，对学生进行积极干预和心理疏导。高校应在紧急事情未爆发前，在思想政治教育论坛与网站上对事件的真相进行还原，发布权威和科学的信息，让大学生通过权威网站了解事态的真实发展与变化，以此来稳定大学生的情绪和校园环境。对于大学生的思维发展趋向，高校应该借助社交媒体来及时掌握，积极引导学生科学看待敏感问题，以此实现新媒体环境的净化。高校在筛选舆论危机处理团队成员时，应该秉持认真且慎重的态度选择有着较强政治性、可以理性处理事情、具有清晰思维的学生党员及干部。任何一件高校偶发事件的形成与发展都是一个渐变性的过程，对此，高校应该建立畅通的信息系统，对管理人员进行系统的危机传播管理知识教育与培训，以提高管理人员的危机传播与管理的认知能力。除此之外，高校应该建立健全组织体系，实现人员管理的常态化，以此来保障高校行政干预的有效性。

其次，高校要建立舆情监督部门，以便及时发现并纠正执行过程中出现的错误与偏差。要制定科学的规章制度，确定每个岗位人员的具体责任，形成完善的岗位职责机制，且经常展开核查，找出各类问题，发掘其形成原因，采取措施进行纠正。针对教育与教学的监督，不仅包括监督与考核的方面，也包含调整计划、检查制度等内容。监督的主要手段有检查、评比、总结、考核、教育和鼓励。为了能够立即找到问题并加以解决，一定要制定科学、灵活的信息反馈机制。高校的舆情监督部门应该细致核查利用新媒体发布的信息，对信息进行过滤与整合，并且在特定的范围内提高信息的价值与质量，强化信息的实效性。这种舆情监督部门的建构，一定要确认人员分工，规范审核流程，提升审核工作效率加大审核机制的执行力度，保障产生问题之后可以立即反馈。

最后，高校应该积极发挥学生党员及干部的主体性。不管是在信息的发布过程中，还是在信息的扩散过程中，学生党员及干部所起到的作用非常重要，他们也是信息可否效率化传播的关键环节。高校应该培育一支思想意识较高的学生党员及干部队伍，利用发布符合主流意识要求的信息与大学生展开沟通与交流，以防部分个体与机构利用敏感问题制造社会矛盾。高校的思想政治教育工作不能一味地消极防守，也要适时地主动出击，把握话语权。在这个过程中，应该对学生党员及干部的主体意识进行强化，培养和提高他们的思想政治素养，为他们搭建相应的活动平台。

## 四、新媒体时代高校思想政治教育途径的优化

当今时代，科技在不断进步，媒体也在按照自己的步伐向前发展，呈现出多元化和多样化的发展趋势。对于大学生而言，新媒体为其提供了平台，方便大学生在虚拟世界中与他人交流与沟通。与此同时，也让大学生的思维受到了较大的冲击，长期沉迷其中，导致明辨是非的能力缺失，社会现实与虚拟世界混乱。因此，高校必须强化学生的媒介素质教育，始终践行高校是主要场地、学生是关键对象的媒介素质教育思想，让理论教育、技能教育与品德教育合而为一。

人们在以往要想对各种媒介信息进行获取和解读，需要具备一定的传媒素养，即听、说、读、写等能力，并且具备可以对各种信息进行批判性观看和解读的能力。20世纪90年代，美国传媒界定义了媒介素养，即在面对各类传媒信息时，人们需要具备的理解技能、选择技能、掌握技能、质疑技能、评价技能、制作技能、创造技能及反思技能。新媒体的发展要求现代人具备新的媒介素养。新媒介素养被认为是当代优质公民所应具备的基本素养之一，也是大学生的必备素养。

### （一）不断提升大学生的媒介素养

1.高校培养大学生媒介素养的必要性分析

首先，大学生需要掌握媒介与媒介信息等基本概念，对此，高校应该担负起这一培养责任，让大学生可以明确媒介和媒介信息所具有的不同职能，只有这样才能帮助他们建立更科学的认知，避免大学生因为盲目追求新奇而进入误区。大

学生在应对更新周期较短的新媒体时通常会显得不知所措，无法较好地运用新媒体。高校应该重视这个问题，帮助大学生掌握新媒体使用与运转程序。总的来说，作为培养学生媒介素养的关键阵地，高校所发挥的作用是无可取代的。

其次，高校应该引导大学生树立起正确和科学的网络道德观念，让大学生具备准确判断和使用媒介信息的能力。大学生普遍有着较强的猎奇心理，让他们在应对大量媒介信息时不能作出精准的判断，从而在使用媒介信息时陷入窘境。所以，高校应当做好防范措施，为了对大学生进行正确的引导，高校应该设置专门的课程，帮助大学生树立正确的网络道德观念，使学生的媒介素养得到提高，进而对媒介供应的问题有准确的判断。大学生群体属于特殊人群，他们正在接受教育，能够对社会产生较大的影响。只有大学生精准地判定媒介信息，对媒介信息进行科学和严谨的筛选，才能确保这些信息在社会实践中发挥积极的引导作用，促进其合理、理性地应用。

最后，高校应该培养学生用法律手段来保护自己和他人的合法权益。大学生正在接受专业的理论和技术教育，他们未来在各领域中发挥指导性的作用。鉴于此，社会各界应该高度关注大学生的健康发展。大学生如今处于纷繁复杂的信息环境中，在信息处理上可能比较迷茫，容易被错误信息影响，出现一些与自己身份不符甚至危害社会的行为。对此，高校应该借助法律武器来对散播不良信息或虚假信息的人进行严惩，保护学生的权益。除此之外，大学生在面对自身信息泄露、自身权益遭受威胁的情况，也应该用法律武器来保护自己，进行维权。高校应该对学生进行法律知识的普及教育，针对当前所处的媒介环境对学生进行有针对性的媒介素养教育，对学生进行规范引导，让学生学会分辨媒介信息，以规避负面信息对学生的影响。这对于提高学生在新媒体环境下用法律武器保护自己的能力有着重要的意义和作用，有利于校园与社会的稳定与和谐。

2.培养大学生媒介素养的途径

首先，高校应在大学生的普通教育中引入媒介素养教育。如今，我国的高校教育一般很少有专门的媒介素养教育课程，仅仅在部分课程中会涉及新媒体技术与技能，但没有在提高媒介素养这方面有更多关注。在新媒体时代，大学生的媒介素养已成为必备素质之一。因此，高校应该开设媒介素养教育课程，也可以将媒介素养教育内容引入相关的学科之中，让媒介素养教育成为大学生普通教育的重要组成部分。在大学生媒介素养教育中，课堂是关键阵地。对此，高校应该从大学生的实际媒介素养情况出发，建立起完善的高校媒介素养教育机制。高校设置媒介素养教育课程应该从以下三个方面入手。第一，高校应该进行大众传媒的基础理论课教育，明确媒介环境是如何产生的。第二，高校应该对大学生进行与媒介行为道德有关内容的教育。高校应该将媒介信息道德教育的内容纳入高校媒介素养教育课程中，只有这样，大学生才能建立起明确的道德认知与自律认知，净化大众传媒环境。第三，高校应该对大学生进行媒介运用技能教育。大学生在学习之后可以对媒介信息进行选择与处理，还可以在参与社会管理中灵活运用大众传媒，并且可以保障自身的权利。大学生应该在此过程中形成良好的大众传媒工具认知，以此淡化消极媒介影响，并养成正确和科学的媒介思想，对媒介信息实现创造性地运用，进而提升自我价值。

其次，高校应该进一步加强大学生在媒介实践方面的锻炼，并深化思想政治教育工作。课堂教育是高校对学生进行媒介素养教育的主要和关键阵地，课堂教育中的有效延伸是社会实践。对于学生而言，社会实践也是教育从理论走向实践的延伸。社会实践有着非常明确的目的，开展社会实践活动主要依据课堂教学内容。在对大学生的社会实践活动进行组织时，高校应该在遵循媒介素养教育要求的基础上，让学生适应社会实践的规则，只有这样才能保证社会实践的严谨、有序。高校在对大学生进行媒介素养教育时，应该对学校网络媒介进行充分运用。高校中有学校电视、学校报刊、学校网络、学校广播等媒介资源，这些媒介资源信息容量大，与学生距离近，有着非常广泛的传播范围，也是高校师生获取新闻的重要途径。因此，在开展媒介素养教育中，学校媒介是重要的平台。在具体实践中，高校应把媒介素养教育和高校思想政治教育紧密联系在一起。媒介素养是21世纪高素质人才必须具备的基本素质，强化大学生的媒介素养教育是新时期高校思想政治教育的关键措施，也是顺应时代潮流，推动高校教育革新与发展的必由之路。因此，应该利用思想政治课程及新闻学、心理学、传播学、社会学等有关课程加大媒介素养教育力度，推动媒介素养教育和相关理论课程实现全面的互动与关联，让媒介素养教育融入更多的课程学习中。

最后，高校应该创设良好的培养学生媒介素养的环境。第一，高校应对校园的网络环境进行优化，为学生营造出良好的媒介素养教育氛围。高校应该充分发挥自身的校园媒体优势与作用，对于学校舆论传播应该积极给予关注。高校，可以借助传播手段与宣传方式在理论、技能及理念等方面来创设一个文化环境。此外，高校也应该建立相应的网页和网站，来进行网络素养的培育。高校还应该对学校内网的监控进行强化，为学生提供安全、有序、健康的网络环境。第二，媒体应该担负起舆论的引导责任。媒体应该发挥三个方面的职能，一是政治引导，二是社会职责，三是文化打造。在新媒体时代会出现很多话题，各大媒体纷纷报道，这就导致主流价值引导很难发挥其效用。媒体在网络公众环境与私人环境不断交叉时，应该认真履行自身的社会职责，对自身的言行进行约束，以此来不断提高媒体队伍的整体服务质量，提高专业素养。媒体不应为追求经济利益而降低自身的报道水平，也不能为了经济利益过分夸大信息的娱乐成分，将道德层面的教化意义抛之脑后。第三，政府应该对网络监管职能进行完善并认真履行。政府应该加强信息立法工作，加大对网络监管的法律维护力度。此外，政府也应该对相关的经营服务法律机制进行建立与完善，对于自身的职责应该予以落实，对于网络行业，应该加强市场管理与监督，应该对网络从业者进行普法工作，为用户创造良好的文明上网条件。政府还应该开发和运用堵截技术与过滤技术，净化信息，提高信息纯度，以此降低网络运行风险。政府应该积极改进和更新技术，根据实际情况构建安全的防御体制，对于垃圾与杂陈信息使用防火墙进行过滤，为了防止隐私的泄露，应该使用加密的方式，对用户的信息安全进行保护。第四，在教育中发挥家庭的作用。家庭有着重要的辅助作用是进行启蒙教育的阵地。因此，应该充分发挥家庭在教育中表率作用。寒暑假期间，发挥家庭监督作用，为大学生供应安全的上网环境，培育其健康使用网络的意识，支持他们多参与有价值的社区活动，培育社会适应能力与信息伦理意识。

## （二）不断提升高校思想政治教育工作者的媒介素养

　　高校思想政治教育工作者是高校教师队伍中的一个特殊群体，他们的任务是培养大学生的思想、精神与人格，而不仅是知识或技能的传授，不仅要着眼于学生信仰的确立、价值观的塑造，还要关注大学生的个体精神成长。在新媒体时代，不断完善、提高自身的媒介素养对于高校思想政治教育工作者尤为重要。

　　1. 高校思想政治教育工作者媒介素养的构成

　　现代公民都应具有一定的新媒介素养，以适应现代社会生活的需要。但对于不同的职业群体，其媒介素养含义存在差异。对从事高校思想政治教育的教师来说，除了个体媒介素养，还应该具备相关的职业媒介素养。在教学中，教师应该具备对媒介资源进行有效利用的能力，并能提高大学生的媒介素养。

第一，不断发展的现代教育观念。一是更新人才观。思想政治教育着重于"人"的培养，以"育人"为根本任务，这就需要教育者具有新的人才观。在传统人才观的内涵之外，新媒体环境下尤其要重视培养学生具备个体精神的开放性与包容性、自主学习与自我建构的能力、自律自觉的个性品德。二是转变教学观。在传统的教学观念中，教学以教师为中心，学生的学习主要是被动接受与记忆。新媒体时代，教师要改变教学观，改变过去教师"满堂灌"、学生被灌输的单向教育模式，一方面要利用新媒体技术图文并茂、声情交融的特点，提高课堂教学效果；另一方面，利用现代信息传播快速、交流便捷等特点，在获取信息过程中最大限度地调动学生的积极性、主动性、参与性与自主性，以此来保证思想政治教育工作的吸引力与感染力。三是重建师生观。社会主义市场经济推动社会变革，也更新过时的观念，培养社会成员的自我意识与独立人格，呼唤平等意识。新媒体技术的发展也使人们更有条件平等交流交往、平等占有享用信息。于是，新媒介素养教育要求重塑教育者与受教育者的双边关系，树立新型师生观成为教育界的共识。高校思想政治教育工作应当顺应时代发展，树立新型师生观，倡导师生之间民主平等，相互尊重，相互学习，共同发展。教师与学生互相成为对方信息的传播者与接收者，互相成为高校思想政治教育的教育主体与被教育主体，双方分享彼此的思想与经验，交流各自的情感与体验，形成协同学习、相互促进的模式，建立起民主、平等、和谐的师生关系。

第二，可持续更新的新媒体技术。新媒体环境对于教育者提出了新要求，有研究者提出，要打造一支与新媒体技术发展相适应并能较好地掌握新媒体技术的高素质的思想政治教育工作队伍。这支队伍需要具备以下技术和能力：一是新媒介的基本知识与操作技术。教育者要尽量掌握各种新媒介，如计算机、手机及平板电脑等新生代的移动电子设备等的特性和使用技巧。此外，教育者还应熟练掌握操作各种新媒介的相关软件技术，如掌握Office办公系列软件操作技术，掌握简易制作网页与动画的技术，可借助计算机制作音视频资料，等等。二是在教育教学中应用新媒体技术的能力。教育者要熟悉相关的信息资源库，如各种数据库、多媒体资源库、数字图书馆等，能使用各种媒介工具及现代信息检索技术快速、全面、准确地获取自己所需要的信息。在多种技术手段中，高校思想政治教育者最常用的便是操作简单、修改方便、便于更新的 PPT 软件，如果教师再能融合 Flash、Photoshop 等图片、图像和视频软件工具，就更能增强教学的实效。三是新媒体技术的更新能力。高等教育对象是社会成员中最具活力的群体——青年人，他们思想开放、勇于尝试，与新事物有着天然的亲切感与默契。这就要求教育者具有较高的新媒体技术更新意识和更新能力。如果教育者能够对青年人热衷的新产品、新技术有相应的了解，就可以充分把握大学生的生活状态与思想动态。如果能将新技术及时地应用到教学过程中，其方法形式契合于青年人的风格与习惯，将会增强课程的吸引力与感染力。

第三，全面的新媒体信息利用能力。一是评析媒体信息的能力，这是教育者媒体信息利用能力的核心。从某种意义上看，媒体信息都蕴含着一定的价值观念与生活方式。批判性地解读媒体信息，要能透视信息背后的意识形态、价值取向、商业意图等，从而对某一信息形成较为准确的评估。为满足职业需求，高校思想政治教育者还应具有结合政治理论素养、专业理论知识来分析相关信息的素质与能力。在应对社会重大事件与公众焦点问题时，他们更能去伪存真，剔除虚假信息，厘清事实真相，展现出良好的分析评价媒体信息的能力。二是开展媒介素养教育的能力。在媒介素养教育中，教师具有特别意义。教师需要接受关于媒体生存的培训教育，部分教师还需要参加大学生媒介素养教育工作。我国的媒介素养教育起步较晚，大部分的教育工作都融入高校了思想政治教育教学中。思想政治理论教师应侧重培养学生的信息分析能力，教会他们用科学的世界观与方法论来批判、选择、创制媒体信息；督促他们通过信息分析来形成批判性思维，养成独立思考、自主学习的习惯；引导学生在塑造健康人格的同时，规范自身网络行为，增强信息道德意识，恰当地利用媒体来发展自我。

2. 高校思想政治教育工作者媒介素养的提高途径

第一，开展培训活动，全面提升教师的媒介素养。开展各种培训活动是目前提升教师媒介素养的基本途径。计算机等级考试、计算机应用能力考试等在高校的推行，在一定程度上实现了全员培训普及。在培训形式上，应采取专项培训与综合培训相结合的形式。专项培训，是指以提高教师媒介素养为目的的专门性培训。我们将在对思想政治理论课教师进行专业培训过程中穿插安排的培训称为综合性培训，其宗旨是从多个方面加强教师队伍建设，提高思想政治理论课教学质量，培训中往往会安排与媒介素养提升相关的专题讲座。

在对高校思想政治教育工作者进行培训时，在内容上应该包括技术培训、法律法规培训、媒体能力培训、其他专题培训等。高校应该聘请专业的传媒专业人才主持培训活动，其对新闻学及传播学非常熟悉和专业，只有在专业人士的指导下，高校思想政治教育工作者才能对媒体信息的制作过程其中所蕴含的各种深层次的、隐性的内容有深入和详细、系统的了解，如价值取向、意识形态、经营管理、组织架构等，明确媒体对于受众的导向作用及影响。加强与媒体素养息息相关的法律法规的培训，如《互联网信息服务管理办法》《互联网著作权行政保护办法》等。了解有关网络及传媒的法律法规，有利于提高教师的媒介素养，创建良好的网络环境。

第二，开展科学研究，促进成果推广与资源共享。关于新媒介素养对于思想政治理论课程影响的研究才刚刚展开，尚有大量的问题亟待解决。对此，高校及各级的管理部门应该在对科学氛围进行营造的基础上，划拨专项资金资助显像管研究。身处教学一线的教师可以结合日常教学，借助课程网络平台，增加师生之间的交流互动。教师也可以将经典教案课件、精彩教学片段、相关视频资料、学生演讲录像等编撰成系列教辅材料，最大限度地发挥新媒体技术的作用。如今，我国在媒介素养教育、网络思想政治教育方面已取得了不少成果，这些成果一般表现为论文著作、教材教辅资料、实践中的经验总结、数据资源库、网络平台系统等。

第三，建立完善的评价体系，对媒介素养教育进行规范引导。高校的教学管理和评价在新媒体时代应该重视对教师的信息技能的评价，对教师的媒介素养的管理与评估应该纳入管理与评价过程中，只有这样才能建立完善的高校思想政治教育工作者媒介素养评价体系，对媒介素养教育的质量进行规范，提高媒介素养教育的水平。

# 第四章　新媒体时代高校思想政治教学之慕课模式

本章主要介绍了新媒体时代高校思想政治教学之慕课模式，包括以下四个方面：慕课概述、高校应用慕课开展思想政治教学活动的必要性及优势分析、慕课背景下高校思想政治教学面临的困境、高校思想政治理论课慕课教学模式改进的对策。

## 第一节　慕课概述

### 一、慕课的概念

大规模开放式在线课程（Mooc），是一种将分布于世界各地的讲授者和成千上万的学习者联系在一起的在线网络课程，可以理解为一个巨大的教育资源共享平台。不分地域、不分种族、不受时间和空间限制，只要想学习，有一台电脑就可以通过互联网接受想要的教育。规模宏大、开放性和网络在线系统学习是慕课的独有特征。因此，慕课被形象地称为"教育史上的一次数字海啸"。[1]

### 二、慕课的特点

#### （一）大规模

"大规模"意味着慕课课程不同于传统课堂教学，在学习的人数上没有限制。没有人数限制的课堂是前所未有的，慕课正是借助信息技术手段翻开了教育教学的新篇章。

---

[1] 杨宗凯. 中国信息化 2.0 与教育教学创新发展 [J]. 中国大学教学，2018（1）：20-22；19.

## （二）开放性

"开放性"是慕课的主要特点之一。开放性主要体现在以下几个方面：一是教学内容的开放，慕课平台中的所有课程资源都是开放的，通过网络传播，不受时空限制；二是教育理念的开放，慕课平台中的所有课程资源都是不分种族、不分国籍、不分年龄和经济状况的，来自世界各地的人，都可以通过互联网获得需要的资源，彰显了民主和平等；三是教育教学过程的开放，上课、布置作业、论坛交流、测试评价、得到分数甚至结课认证等，整个教育教学活动都是基于网络平台进行的。总之，慕课真正实现了优质教育资源的全球共享，加快了高等教育公平的实现，促进了教育的国际化发展和终身教育的实现。

## （三）技术性

以往的网络公开课程仅仅是将课本简单搬到网络上，慕课有所不同。在慕课中，学习者可以借助一定的信息技术手段来实现与教师、其他学习者之间的互动与交流，在网络上展现整个教学过程。在慕课中，基本的教学单位是"短视频"，学习者在进行学习时，会有很多必须回答的客观题，学习者只有正确回答才能继续学习，系统也会及时给予评价。慕课的核心技术为云计算，可以存储和共享海量的课程资源，实现资源之间的互享。得益于大数据技术，慕课可以为学习者提供个性化的教学服务。除此之外，慕课平台有着精美的设计，可以调动学习者学习的积极性与主动性。

## （四）精品化

当前，较为出名的慕课网站有 EDX（美国麻省理工学院和哈佛大学创办）、Courser、Udacity（斯坦福大学创办）。中国大学 MOOC 的开放课程多为名校课程，如北京大学、浙江大学、四川大学等。这些开放课程多由具有丰富教学经验及科研经历的教师讲授，他们往往有较高的职称。这些课程有着丰富多样的内容，语言简练，概括性强，教学手段和教学方法都很新颖。慕课具有典型的碎片化特点，每节课程的时间大概在 10 到 15 分钟，在课程形式上呈现出"微"，在课程内容上呈现出"精"。慕课课堂教学突出难点和重点，学生可以在课后进行思考与探究，这使学生的学习时间具有灵活性，从而提高学习效率。在传统的课堂学习中，学生需要在规定的时间和地点上课。大学生有着较多的课程，也有着非常丰富的校园活动，这就导致大学生在规定的时间可能很难进入最佳的学习状态，并投入学习之中，进而影响学习效率。

## 三、慕课的基本构成

### （一）微视频学习

1. 制作微视频的基本原则

（1）以教学内容为主，信息技术为辅原则

在制作微视频的时候，应该实现教学内容与信息技术的融合与统一。在制作慕课微视频的过程中，应该坚持"以教学内容为主"。这建立在对教学目标和教学内容有充分了解的基础上，对慕课设计和制作微视频的目的有清晰和明确的了解，同时对制作微视频的目的也要明确，只有这样才能将微视频的作用最大限度地发挥出来。慕课是课堂教学的延伸，可以对更多学习者的学习需求进行满足，还能对不同学习者之间出现的能力水平差异问题进行解决。学生可以通过微视频在课前对课程的脉络和框架有基本的了解，还能对课程的基础知识有所了解，这对于学生的课堂学习有着积极的作用，学习课程内容更加轻松和深入。在微视频的制作中，应以内容为核心，只有质量高内容好的微视频才更有意义。

在微视频的制作中，我们强调"信息技术为辅"并非不在乎信息技术的价值与作用，相反，信息技术有着非常重要的作用。信息技术服务于教学内容，我们在对教学内容进行呈现时，应该选择不同的技术和方法，制作的微视频应该保持较高的实用性，具有自主性和免费性的特征。我们虽然改变和创新了教学方式，但是让学生掌握知识点是课程不变的目的；服务学生帮助学生更好地进行学习是传统教学与慕课微视频教学的共同目的。鉴于此，教师的能力水平应该与教学方法的进步相适应，并且还应该掌握相应的技术。在制作微视频时，教师应该对内容进行准确把握，制作出有趣、生动的微视频，以此来保证学生的注意力能够高度集中。

（2）设计制作一体化原则

从慕课的教学应用上来看，教师应该对知识点进行系统地梳理，让学生构建起系统和科学的知识体系。学生通过学习微视频对理论知识逻辑有一个基本的认知，在课堂内容讲解中，教师将重点放在对重难点的讲解上，帮助学生在课堂中解决重难点问题。在制作微视频时，教师应该对理论知识逻辑和知识的重难点进行把握，实现微视频设计、制作、应用的一体化，以实现三维的教学目标。另外，应选择科学的内容，注重微视频的质量与水平。

（3）短小精悍原则

短小精悍并非为了追求视频时间短而忽视视频内容的质量与水平。教师在制作微课视频时，应该将时间控制在5到10分钟之间，8分钟的视频内容为最佳。此外，我们也应该考虑不同的年级及学科会有不同的知识点和难度。对此，教师在制作微视频时，应该从实际情况出发，应该使用简单易懂的简练语言进行课程内容的讲述，尽可能使用短句。这样有利于学生对课程内容进行理解，减少畏难情绪的产生，从而保障良好的教学效果。

2. 微视频课堂运用

在课前，教师应该上传自己制作的微视频或者为学生推荐经过筛选的慕课微视频。在自习时间或者课余时间，学生可以自主学习相关知识，完成相应的阶段作业。由教师自己制作微视频或者是对微视频资源进行筛选有很多好处。首先，教师了解学生的学习水平和学习能力，自己制作的微视频或者选择的微视频符合学生的现有水平和发展趋势，可以为学生提供有益的知识学习；其次，教师通过这种形式可以将一些对学生意识形态或者价值观有误导作用的视频进行排除，使视频可以更好地为学生服务。教师应该在专门的慕课平台上发布自己制作的视频或者是筛选出优秀微视频，学生可以在该平台上注册账号，选择自己喜欢的教师的课程。这将学生的自主性体现出来，也有助于教师对教学微视频进行完善，提高教师的教学水平和教学能力。

在课后，教师应该在慕课平台上上传相应的进阶作业，帮助学生对这一部分内容进行掌握和巩固。与此同时，教师也应该积极设计相应的实践任务，使学生自主探究合作的能力实现质的提升。教师应对学生的学习进程和动态进行及时关注，如果学生面临自己无法解决的问题，教师应该及时给予帮助和引导，为学生提供有价值的建议。通过慕课这一平台，教师可以了解学生对于课程的建议，通过对微视频进行改进和完善来提高自身的教学水平。此外，教师应与其他教师进行深入和频繁的交流，以实现资源的共享，在教学实践中不断丰富课程资源。教师还应该积极引导和督促学生进行深刻反思,学生可以借助慕课大数据统计来对自己的学习方式进行改进,在该平台上选择与自身水平相契合的学习资源,监督自己的学习进程,这对于学生学习效率的提高有积极的意义。

### (二)课堂讲授

慕课在课堂中的引入,使课堂突破了特定的时间和地点限制,教师可以根据授课节奏自由安排时间。学生在完成某章的学习之后,教师可以在明确课程重难点的基础上,借助大数据来了解学生这章内容的学习及慕课中师生之间的互动与交流情况,明确学生在整个学习过程中所出现的问题。基于此,教师在课堂中会对这些问题进行有针对性的讲解,以实现课堂效能的提升。慕课与传统的课堂教学相比,教师可以有更多的精力于专注重难点问题,而不是简单地进行知识点的重复与讲解。教师在教学中扮演着引导者的角色,而不是"主宰者"和"管理者"角色。在传统的课堂教学中,教师需要讲授非常多的内容,在有限的课堂时间中,教师很难精讲知识点,这导致学生发现问题及解决问题的能力难以提高。教师在慕课课堂中,应该紧随时代发展的趋势,结合时事政治对学生进行引导,让学生在教学情境中不断提高自身的问题解决能力和探索能力,帮助学生形成正确的世界观、人生观及价值观,用科学的方法来指导实践,形成系统的理论知识体系。

### (三)问题探讨与学习小组

在课程开展中,建立学习小组是重要的一环。在学习小组中,学生可以对问题进行讨论,促进学生之间的思维融合与碰撞,使学生之间的交流更加频繁。教师在划分学习小组时,可以按照学号进行随机分配,也可以让学生自由组合,小组的人数应该控制在5人左右,并选出合适的学习小组组长。教师应该从课程内容设置的不同层次出发,为学生提供不同类型的问题,方便学生进行讨论与探究。教师选择问题时,应该保证前一个问题与后一个问题之间有鲜明的逻辑关系,并且保证对整个问题链中的每个问题进行逻辑关联。学习小组的组长应该定期召开讨论会议对问题进行讨论,针对学生之间存在的分歧,教师应该将所有的小组召集起来,一起进行讨论。

### (四)测试与评估

在慕课的课程中,测试与评估是非常重要的环节。教师会在课程中穿插即兴的提问，这有利于教师了解学习者掌握知识的程度。学习者回答正确可以得到奖励，获得相应的分值，但是这些分值不会计入期末总成绩。对于慕课课程来说，期末考核一般会通过自动评分系统得出成绩，单项选择题、多项选择题、填空题、项目匹配题、是非题等是常见的试题类型。有些课程的最终成绩还包括学习者的项目任务成绩，这些成绩由教师或者同伴评定。

目前，线性评估法是大多数慕课测试系统的核心方式，如多项选择题的自动评分程序。这种评分机制在高等教育教学中并非完全适用，仅仅通过试题来进行评估是不科学的，还应根据学生平时与教师的互动情况，在小组中的学习情况，实践情况等，对学生进行综合性的评分，这种评分机制才与新时期人才培养的要求相吻合。

### （五）教育教学评价与反馈机制

教育的主要目的在于让每个人的发展可以达到其应该达到的水平，作为一种对人的创造潜能进行开发的工作，教育有利于提升人的智慧。鉴于此，我们应该充分认识教育教学，评价和反思培养创新人才的教育教学活动。我们还应该对评价的基本规律进行掌握，站在创新的视角上，借助创新思维对评价中出现的问题进行反思，对评价的发展趋势进行研究，以推动教育教学评价更加完善。诊断性评价、增值性评价、自身进步评价及组织质量评价是慕课教学中最为重要的四种评价方式。

## 四、慕课的优势及带来的挑战

### （一）慕课的优势

#### 1. 迎合了新一代学生的认知需求

在新媒体时代，学生的成长过程中伴随着计算机与互联网技术的发展，各种数字智能终端不断出现，如计算机、手机等。由于信息技术的影响，他们的学习态度与认知行为也出现了很大的变化。新一代的学生更喜欢多媒体教学，也更加擅长利用网络来对信息进行获取和接收，有着非常强的信息运用能力。慕课的教学与学生的这种学习需求相吻合，这使得他们更加容易认可和接受慕课。

#### 2. 打破了教育的不平等性

在这个社会中，有很多因为身处不发达地区而无法获得平等教育机会的人，也有一些因为高考发挥失常无法上理想大学的人。得益于慕课平台上的大量优质资源，这些人可以在家中就享受到重点院校的教学资源，可以在网络上观看名师讲课。

3. 引入了各种教学资源，教学内容丰富

在慕课平台上有非常多的教学资源，不仅有教师的教学视频、教学课件，还有一些与教学有关的图片和动画等衍生电子教学资源，还包含一些习题和进行师生、生生互动的论坛。这些板块和内容使学生的各个方面的感官受到了冲击，有利于对传统教学模式中内容单一的缺点进行弥补，实现对教学内容的充实和完善，有利于学生深入掌握相关的知识点，建立完善的知识体系。

4. 便于不同层次学生学习

传统的"班级制"教学模式在当时承担起培养人才的重要责任，并且在提高教学效率方面也有着积极的作用。在传统的教学模式下，同一门课程的教师使用相同的教材和相同的教学模式，按照统一的进度和要求授课，这就导致学生的个性化差异被忽视。对于学习进度较慢的学生，他们可以通过慕课平台对不懂的知识多次观看学习；对于学习进度较快的学生，他们可以对之后的相关知识点先学习，这样可以满足其求知欲望，符合他们的学习进度。

5. 使终身学习成为可能

随着科技的发展，知识更新的速度也在加快，只有紧跟时代发展潮流才能不被社会所淘汰。鉴于此，我们应该不断学习，以充实和提高自己。慕课的出现使终身学习及随时学习更加具有可行性，任何人都可以在慕课平台上学习，并获取相应的知识，不再受到时间、空间及年龄的限制。

6. 有利于降低教学成本，提高教学质量

"通过 MOOC 平台的选课机制，学生可以挑选有趣、教学质量高的课程，而那些授课不精彩的课程，将逐渐被淘汰，这无形上将激发教师的教学热情，积累优质教学资源。"[1]

### （二）慕课学习方式带来的挑战

1. 对学习者的要求比较高

慕课摒弃了传统教学中以教师为中心的教学理念，以学习者为中心。在慕课

---

[1] 丁庚坤. 关于慕课教学的几点思考 [J]. 教育教学论坛，2019（1）：214-215.

中，学习者是学习的主体，也是整个学习过程的掌控者，这就要求学习者能够自己调节学习时间与学习状态，自主选择学习内容。

2. 对课程中的教师要求高

传统课程中，教师面对的学生数量有限，可以面对面地和学生交流。但慕课是面对全世界所有愿意学习这门课程的学习者，参与课程的学习者人数庞大。如何应对如此庞大的学习群体，如何对海量学习者的学习情况进行分析，以及如何在慕课中使教学过程更灵活、更成熟，都是课程教师所需要解决的问题。除此之外，教师要有丰富的想象力和创造力，虽然每个人的教学方法各不相同，但通过视频，教师的教学方式变得单一。当课程不能吸引学习者时将会有成千上万的人放弃学习。因此，在线课堂对教师要求更为苛刻。

3. 平台的保障

慕课的宗旨是把最优质的资源呈现给全世界每位愿意参加的学习者。因此，慕课需要有性能稳定的平台，多种语言的支持，以为大规模的在线教育提供强有力的后勤保障。

4. 行政的支持

慕课平台只是一个网络平台，它与传统的网络教育最重要的区别就是在慕课中学习可以得到课程认证。不过这种认证只是授课学校的认证，它还要突破学分和证书认可两个瓶颈，而这需要行政的认可和支持。

## 第二节　高校应用慕课开展思想政治教学活动的必要性及优势分析

### 一、高校应用慕课开展思想政治教学活动的必要性

#### （一）慕课的运用是思想政治教育规律的客观要求

将慕课教学模式应用到高校思想政治课程中成为高校未来开展思想政治教育工作的必然选择，是与超越律相适应的客观要求。超越律是指在实际开展教育活动的过程中，教育工作人员所进行的教育活动应该与学生目前所拥有的思想品德

情况相符，这里主要包含两个内容：一是学生实际的品德情况，这直接关乎高校教师使用什么样的方法来开展思想政治教学活动；二是高校所开展的教育工作在一定程度上与学生自身的思想品德情况存在反作用的关系。鉴于此，对于高校的思想政治教育工作来说，既要与学生的现实状况相适应，又要引导学生超越现状，实现思想品德的提升。适应与超越存在关联性，是辩证统一的关系。高校在开展教育工作的过程中应该与时俱进，强调以人为本的思想与教育理念。将慕课教学模式应用到高校思想政治课程教学工作之中，可以对课堂氛围进行改善，在课程开展过程中充分调动学生的积极性和主动性。此外，高校也可以从学生的现状出发，选择合适的慕课资源，为学生呈现更加灵活、有针对性的教育教学资源。我们可以明确，将慕课应用到高校思想政治课程教学中能够体现和落实与时俱进、以人为本的教学理念。这也是当前高校在思想政治教学工作过程中适应超越律的客观要求。

（二）慕课的运用是当今时代发展的必然要求

随着改革开放进程的不断加快，我国正处于社会转型和经济转型的重要阶段。此时，社会中出现了很多思潮，深刻影响了我们日常的生产生活，特别是信息化思潮拓宽了大学生的思维和国际化视野。在这样全新的社会环境下，高校在开展思想政治教育时，如果依旧使用传统的讲解式的教学模式，则难以保证高校思想政治教育课堂的教学时效性。鉴于此，我们应该将全新的元素与理念融入高校思想政治教学工作中，实现信息化技术与课程的结合，将现代化的教学理念融入其中，通过在高校思想政治教育教学中应用慕课来提高教育效果和教学质量。

将慕课教学模式融入思想政治课堂教学工作是当前我国社会新常态发展的必然要求。我国社会经济的发展方式及发展情况因为新常态出现而产生了巨大的变化，尤其是在互联网飞速发展的时期，市场对人才的需求也出现了不同程度的变化。基于此，高校为了与市场对人才的需求相适应，更好地适应我国社会发展的新常态，需要在思想政治课堂教学工作中使用全新的理念和方法。在当前的社会新常态背景下，各个地区之间的交流更加频繁，其中一个典型表现便是慕课的出现。我们可以预见，在未来，各个地区之间的交流与沟通会变得更加密切。

### （三）慕课的运用迎合了学生学习的新需求

长期以来，我们在开展思想政治课堂教学工作时，有固定的教师和教室，基本上都采用单向的教学模式。教师是教学过程中的主导者，主要进行课程讲解，学生在这一过程中主要是被动地听，学生的主体性不能得到很好地发挥，师生之间也没有进行良好的互动。

随着科学技术的发展，大数据也应运而生，其应用领域不断拓展。在这样的背景下，大学生的思想也呈现出更加多元化和活跃的发展趋势。在课堂上，他们渴望可以成为课堂学习的主体，渴望拥有更多的自由与主动权。因此，高校在开展思想政治课堂教学工作时，应该引入新的教学模式，实现对学生的正确引导，保证学生可以通过学习与实践两个途径来掌握思想政治相关知识，提高学生的整体素养与能力。作为慕课而言，其恰好为高校思想政治课堂教学工作的革新与转变提供了契机与方法。

## 二、高校应用慕课开展思想政治教学活动的优势分析

### （一）增强思想政治的教育渗透性

思想政治教育有效性低的原因是在传统的思想政治教育中，个体对社会的认同、服从占主要部分，这对思想政治教育满足个体发展需要的价值与功能进行了削弱。针对这一情况，高校在进行思想政治教育时，更应该强调人本价值，对于思想政治教育所具有的政治、灌输、教化功能不能刻意进行强调。

在高校思想政治教学中引入慕课模式，可以实现教学空间的拓展，提高教学效能。慕课具有图、文、声、像并茂的特点，其借助视频、音频、文字、图像等传播手段突破了时空的局限性，为学生传递了更加丰富、开放的信息。得益于网络化和信息化的发展，大学生打破了地域的限制，打破了校内外之间的边界，大学生可以选择适合自己的课程。因此，一些具有鲜明特点、有着独到见解的课程尤其受到大学生的喜爱。慕课的出现缩小了传统的思想政治课堂，却拓展了再现思想政治课堂。慕课平台中蕴含多样的民族文化和地域文化，有着多元化的思想与价值，有利于学生进行深度思考，树立正确的世界观、人生观和价值观。

## （二）提升思想政治课的吸引力和感召力

慕课依托于信息技术而发展，如互联网、人工智能及多媒体信息处理技术，在教学环节上，大学生可以在任何时间和地点进行自主学习，这与传统教学相比具有巨大的优势。慕课参与主体的规模庞大，因此，慕课在对教学内容进行设计、对学生进行组织与管理、引导学生进行深度参与等方面需要对传统班级授课制的规则、标准及程序等进行突破，根据新形势建立与知识经济社会相适应的课堂新秩序，实现人的全面发展。

高校思想政治课程引入慕课，学生可以在课外观看教学视频，在课上对教学内容进行交流、理解与消化，对其中所蕴含的知识点进行巩固，这样可以使高校思想政治课更为完善。这样的思想政治课具有平等性、即时性、交互性、网络化、自主化、趣味性的特点。学生可以在轻松、自由的氛围中接受思想政治理论教育。这不仅有利于实现教学改革，还能实现学生的个性化发展，促进优质资源的共享，对于提高思想政治课堂的吸引力与感召力有积极的意义。

## （三）提升思想政治教育教师的主导地位

要想提高高校的教学质量，发挥教师的主导作用是重要保证。在教学过程中，教师是知识的传授者，也是教学的设计者和组织者。在教学中，教师主导作用的发挥在于其是否可以最大限度地引导学生参与教学过程。教师在传统的高校思想政治课堂中，常常作为课堂的主体出现，在教学中处于主导地位，学生很容易反感和抵触思想政治教育。慕课的运用，使得这些错误的倾向可以得到有效改变，借此提升思想政治教育教师在思想政治课程中所具有的主导地位。

第一，在慕课中，教师只有对教材中的知识结构进行认真研究，将新旧知识有效联系起来，才能调动学生的积极性和主动性，引导学生积极参与课程，这也建立在对学生的认知规律和心理特点进行准确把握的基础上。教师应采用合适的教学方法和手段来对重点与难点进行突破，这有利于学生建立良好的认知结构，有利于教师对学生进行启发性引导，最终科学归纳和总结所学的知识，这一过程体现了教师的主导作用。

第二，每个细微的变量都会在慕课运行中被追踪到。换句话说，对于学生的每个操作，如点击小段视频、完成作业、写下评论等都会被数据库所捕捉和记录。

教师可以通过这些信息，帮助学生对知识进行了解，掌握学生的学习动态，为学生理解知识提供新的思路。

### （四）提升学生的主体地位

教师在传统的课堂教学中扮演着课程讲授者的角色，主导着课程的进行，学生的主动性和兴趣常常被忽视。这容易导致学生出现反感和抵触高校思想政治教育课的情绪。

慕课是一种新颖的教学模式，在该模式中，学生可以与教师进行互动，向教师提问，也可以与同伴进行问题与学习经验的探讨与交流，使整个教学过程中的互动性增强，也有利于加强教学中的平等探讨，彰显学生的主动性。学生在慕课平台中真正地成为课堂的主体，他们能依据自己的兴趣和习惯来掌控和规划学习活动，自由宽松的学习环境，既能调动学生参与课程的积极性，又能充分体现自主性学习的理念。

## 第三节　慕课背景下高校思想政治教学面临的困境

### 一、教师驾驭思想政治"慕课"的能力不足

事物的发展都有两面性，科学技术是一把"双刃剑"，在给我们生活带来便利的同时，也具有一定的缺陷。"慕课"作为新出现的一种网络教学模式，在具有开放性、多样性、灵活性、互动性特点的同时，也具有不足之处。"慕课"面对社会大众，所有人都可以免费在"慕课"上学习。"慕课"的主体是教师，教师通过网络将自己的授课视频上传到"慕课"上。因此，"慕课"面临的第一个难题就是教师驾驭思想政治"慕课"的能力不足，尤其是一些年纪比较大的教师，对于网络工具的使用及熟知程度较低，导致"慕课"损失部分知识丰富，但是对网络教学不熟悉的教师。

"慕课"从制作的角度来看更像是一部电影，它需要一个包括助教、项目经理、制作人、摄制团队、后期制作、运营人员、志愿者的制作团队；"慕课"制作的流程也很长，包括选题、教学内容设计、拍宣传片、集中摄制、测试反馈、运

营数据等步骤。"慕课"上一个短短的视频需要花费大量的时间做前期准备,在前期准备中,教师录制视频、上传视频,在"慕课"平台上对提出的问题进行解答,与学习者交流沟通,这都是对教师掌握网络工具的熟悉程度的考验。在这一环节上,就会淘汰一部分驾驭思想政治"慕课"能力不足的教师,这部分教师没有合理运用"慕课"在教学模式上所带来的创新之处。

"慕课"的网络授课模式与传统的高校课堂教学不同,传统课堂教学是面向大学生授课,"慕课"是预先录制视频。这就使部分教师由于不适应"慕课"的教学方式而使授课变得枯燥乏味,不能与大学生进行实时互动,无法通过视频直接与大学生交流,这都是对"慕课"驾驭能力不足的体现。

## 二、大学生对思想政治"慕课"的认同度不够

"慕课"的开放性使大学生在接受课堂教学的基础上,能够在课余时间继续选择自己感兴趣的知识点进行学习。但是,存在部分大学生对思想政治"慕课"的认同度不够的问题。对"慕课"认同度不够分为三种类型。

首先,一部分大学生认识"慕课",对"慕课"有一定的了解,但是由于长期接受课堂式教学,使大学生对课堂式教学形成了依赖,认为只有在课堂上学习的知识才更加牢固,不愿意通过"慕课"的学习。学生作为学习的主体,是"慕课"发展的必要组成部分,如果学生对"慕课"的认同度不够,那么"慕课"的发展就会受到冲击。部分大学生只对校园内的学习感兴趣,认为课堂式教学能够更加生动,可以与教师面对面交流,也可以当面向教师进行提问并获得解答。这部分大学生思想保守,坚持认为传统课堂式教学更能够提高成绩。他们在没有接受过"慕课"教学的情况下就坚持认为"慕课"并不能给学习带来帮助,这是源于其对"慕课"的认同度不够。

其次,一些大学生不喜欢接受新事物,对新事物的接受能力较差。这部分大学生对"慕课"有一定的认识,只进行过少量的"慕课"学习。虽然"慕课"是开放性的、大规模的,只需要在慕课上注册就可以进行学习,但是部分大学生在注册学习后,发现"慕课"并没有带来太大的收获。因此,在一次的学习后,这部分大学生可能就对其失去兴趣,不再进行学习。同时,这部分大学生对于高校思想政治的热情不高,在学习上处于被动状态,因此,对于思想政治"慕课"的

热情也不高。再加上这部分大学生不喜欢接受新事物,并且对新事物的接受能力较差,从而对"慕课"没有形成正确的认识。

最后,究其最主要原因就是大学生对新兴授课模式"慕课"的认识较少,对"慕课"的授课方式、组成部分、积极作用了解较少,甚至有些大学生对此一无所知。虽然国内包括清华大学、北京大学、上海交通大学等很多高校已经开始进行"慕课"教学实践,其中清华大学的部分思想政治课程已经采用了"慕课"教学,但在总体上和国际顶尖大学对于"慕课"的应用水平相比还是有一定的差距,其中一个重要原因就是"慕课"在我国的发展还不够成熟,很多学生包括教师普遍缺乏对"慕课"的认识。很多学生甚至没有听过"慕课","慕课"现在还没有普及到各个高校,大部分高校还是坚持课堂式教学。在没有加入"慕课"的学习时,大学生甚至教师对"慕课"的特点及"慕课"的组成部分都了解甚微,因此,对"慕课"的认同度不够。正是"慕课"的不够完善,加上学生对"慕课"的认同度不够,导致"慕课"的发展面临一定的困境。

### 三、高校思想政治课师资力量分配固定化

首先,高校思想政治课师资力量分配固定化体现在本校教师与教师之间。高校思想政治课的教学主体是教师,在课堂式教学中,学生对课程没有自主选择的权利,学生按照预先设定好的课堂时间、课堂地点进行学习,接受教师讲授的知识。思想政治教师会根据课程提前进行备课,在固定时间进行课堂授课。"慕课"的出现,使学生对学习拥有了主动权,学生可以不受时间、地点的限制,对自己所要学习的知识在"慕课"平台上进行学习,学生还拥有更大的选择权,可以选择自己喜欢的教师的授课视频进行学习。在"慕课"出现之后,传统的师资力量分配的固定化已经不被学生所认同,同一门课程由同一个教师以同样的方式进行教学,学生的积极性会逐渐降低。

思想政治"慕课"师资力量不仅可以在本校教师之间选择,还可以在不同高校教师之间进行自主选择,使高校思想政治课师资力量分配固定化的层面被打破。"慕课"不仅包括国内的大学,还有国外的大学,高校的教师质量也不同,讲课的方式也不同,学生在对"慕课"进行选择时,都会选择名校名师讲解。在"慕课"平台上,教师不再仅仅只是授课,更多的是解答问题,在这里,学生有问题

都会及时反馈出来，教师会根据反馈的信息进行解答。在解答的过程中，擅长运用网络工具、解答的速度快及在互动过程中表现得很活跃的教师会很受学生喜欢。在"慕课"平台上，当课程的选择比较多且同一门课程有不同的教师讲解时，如果学生不喜欢某位教师的课，就可以直接退课，不受欢迎的教师就会在"慕课"平台上被淘汰。因此，教师在授课方式上会更加注重教学方式，更加注重学生的学习兴趣及提升学生的学习积极性。

传统的高校思想政治课程在"慕课"背景下面临的师资力量分配不均衡问题是不可避免的，学生对教师的选择、教师之间的不同教学模式是导致师资力量分配不平衡的根源。师资力量分配固定化影响教学的发展与进步，学生在面对"慕课"和传统课程两种选择时，会更加倾向"慕课"，传统思想政治课程的实效性难以实现合理的提升。

## 第四节  高校思想政治理论课慕课教学模式改进的对策

### 一、打造精品思想政治理论慕课课程

#### （一）探索慕课课程规律

想要构建更高品质的思想政治慕课课程体系，高校应当寻找到慕课教学和高校思想政治课程教学规律的契合性，应当进一步对慕课教学的规律性加以研究，通过长期的实践确保高校思想政治教学能够更好地应用慕课，使慕课的作用能够充分发挥出来。除此之外，高校的教师应该对慕课教学的规律进行准确把握，重新审视思想政治理论课，对传统的教材体系进行改变，转向教学体系。慕课在内容上具有短小精悍的特点，为了适应慕课这一教学模式，教师应该拆分和重构思想政治理论课的教材，保证思想政治慕课具有完整性和系统性的课程内容。

我国高校在当前的思想政治慕课教学过程中，一般采用"线上＋线下"混合教学模式，这种混合教学模式在实践中有着较好的效果，但仍存在一些问题。因此，我们应该对思想政治慕课教学内容进行有针对性的、科学的调整，优化线上

教学与线下教学的时间比。只有这样才能实现高校思想政治课程教学工作与慕课教学之间的无缝衔接，以保证教学目标的实现。

### （二）优化慕课课程内容

对于高校思想政治慕课教学来说，只有具备高质量的课程内容才能拥有高质量的慕课教学，才能调动学生学习慕课课程的积极性。

我们在制作慕课时，应该合理、科学地处理思想政治课程教材。当前，高校使用的教材基本上相同。教师在开展教学工作的过程中，会立足于实际教学情况，从慕课教学特征及慕课教学的规律出发，深入挖掘思想政治理论课教材中的经典内容和重难点，对这些内容进行重组，选择合适的方式传递给学生，帮助学生深入理解。教师应该确保对知识点进行深入和全面的讲解，这样才能使得思想政治理论中的知识具有吸引力，吸引学生主动学习。

教师在制作思想政治慕课课程时，应将学生较为关注的社会事例纳入其中，将思想政治理论课程包含的理论知识点与实例讲解相结合，通过"讲故事"的方式对社会现象金星分析，让学生在潜移默化中接受思想政治教育。

教师还应该积极利用讨论课，让学生在讨论课中提高学习思想政治慕课课程的积极性。教师在设置线下讨论课程内容时，应科学选择合适的主题及素材，保证主题内容与素材具有趣味性，一方面应该让学生在此过程中产生共鸣，另一方面还应该保证课程具有教育作用。学生在此过程中可以真正参与课堂讨论，只有这样才能将线下讨论课程所具有的意义体现出来。在答疑课程中，不管是安排课程还是对课程进行设置，教师都应该保证课程的有效性。教师可以在进行答疑之前就借助慕课平台来对学生所提出的疑问进行收集和整理，针对学生的问题进行答疑准备工作，只有这样才能为学生提供更加有效率的课程。此外，在开展思想政治慕课课程教学的过程中，高校应该对教学的形式进行创新，改革教学方法。

### （三）创新慕课课程设计

高校应严格与准确划分慕课视频中的知识点。在高校思想政治慕课教学工作中，慕课视频是开展思想政治教学工作的重要载体，为了确保思想政治慕课教学能够更好地由教材体系逐渐向教学体系转变，应当确保慕课视频内容的设计更加科学与合理，要确保对教材中的内容合理地拆分和科学重组。在进行内容设计的过程中，要做到内容具有科学性与系统性的同时，还应当具有趣味性与新颖性，以确保思想政治慕课教学工作的质量与效果进一步提升。

我们应该实现高校思想政治慕课课程的线上视频与线下教学的紧密结合。首先，二者应该在内容讲解上保持一致，只有这样这二者才能连贯起来，共同形成完整的整体。其次，线下课程更应该从学生的学习情况出发，保证可以实现对慕课视频内容的拓展和延伸，应该在满足学生好奇心和学习兴趣的基础上，对教学形式进行积极创新，以保证教学育人目标的实现。

## 二、提高高校思想政治理论课"慕课"的师资力量

### （一）加强高校思想政治理论课师资队伍建设

师资队伍的建设是决定高校思想政治理论课发展与进步的重要因素，加强高校思想政治理论课师资队伍建设是提高教师教学质量的前提，是高校教育发展的需要。具体需要从以下3个方面进行。

1. 提高教师的科研水平

科研水平是教师教学能力的重要组成部分，高校思想政治教师的科研水平直接关系到教师的教学水平。不论是在思想政治理论课课堂教学中还是在"慕课"平台上，学生都较少会选择科研基础薄弱的教师。没有较高的科研水平，就难以有高水平的思想政治教育教学，无法实现思想政治理论课教学的理想效果。因此，提高教师的科研水平是加强高校思想政治理论课师资队伍建设的前提保障。思想政治教师应该加强学术研究，增强科研能力，在课余时间刻苦钻研，勇于探索新问题，加大思想政治理论科研的投入力度。高校应该为教师提供更好的科学研究条件，适量缓解教师的教课压力，定期组织学术讲座，加强教师间的学术交流，从而实现教学与科研的平衡发展。

2. 加强教师对教学方式的创新

优质的师资队伍对教学方式需要有自己的创新之处，传统的课堂教学以教师单一授课为主，课程内容比较枯燥，学生参与课堂积极性不高。因此，革新传统教学理念、改进教学方法，关系到高校思想政治理论课的实效性，"慕课"是对传统课堂式教学的一大创新，创新教学方式有助于提高学生参与课堂的积极性，

同时也是加强师资队伍建设的一个重要环节。在学习上，教师可以根据学生的兴趣进行不同的教学方式创新，将课程内容更多地与实践相结合，运用"慕课"平台中的微视频教学、趣味问答、课堂测试环节，调动学生学习的积极性与创造性。

3. 为师资队伍建设营造良好氛围

高校应该为思想政治理论课师资队伍建设营造良好的氛围。在师资队伍建设过程中，学校应该合理规划教师教学安排、课程结构、课程人数安排，为教师教学提供保障，使教师能够在合理的工作安排中不断提高自身的科研能力。为高校思想政治理论课的师资队伍建设营造良好的氛围，不断整合师资队伍，加强师资队伍建设，提高教学水平，完善教学内容。将"慕课"运用到高校思想政治理论课教学中，使学生看到更多优质的教师授课，集中整合全国优秀的教师资源，实现教师资源的最优化，从而实现资源共享。

**（二）增强教师运用"慕课"平台的能力**

"慕课"的出现打破了传统课堂式教学的教师单一授课方式，"慕课"是基于网络背景下的大规模开放性网络课程教学，高校可以通过对教师的集中培训来增强教师运用"慕课"的能力。

首先，高校应该加强教师对"慕课"的应用。每位教师对于新事物的接受能力有所不同，对于"慕课"的熟悉程度也不尽相同。因此，为了促使教师运用好"慕课"系统，高校应在"慕课"加入思想政治理论课的前期对教师进行培训，使每位教师都能够熟练应用"慕课"，将"慕课"与教学实践相结合，使课堂教学更加生动。

其次，在教师对"慕课"的运用达到一定熟练程度的基础上，进一步增强教师运用"慕课"平台的能力。在传统的课堂式教学中，基本为灌输式教学模式，"慕课"提供了新的教学模式，如"翻转课堂"。"翻转课堂"是指学生在课前观看教师事先录好的或下载的教学微视频，而课堂时间用来解答学生问题批改订正学生作业，帮助学生进一步掌握和运用所学知识。"翻转课堂"实现的前提是学生根据教师提供的优质教学视频，对知识点进行自主学习，将自学中存在的问题在课堂上与教师进行互动交流。这不仅能增强教师运用"慕课"平台的能力，还能促进教师合理运用"翻转课堂"这一先进的教学模式。

最后，高校应鼓励教师运用"慕课"平台来加强与学生之间的互动。在"慕课"

平台上，学习者可以进行交流互动，教师可以利用"慕课"这一特点，加强与学生的交流互动。学生可以在提前观看教师录制好的视频时，与"慕课"平台上的学习者进行讨论，教师也可以在课前通过"慕课"平台与其他高校的教师进行交流互动。在课堂上，对学生在"慕课"平台学习之后存在的问题进行讨论，师生共同解决问题。学生在"慕课"平台进行交流互动的基础上，在课堂与同学进行深度交流，这既有助于加深学生对问题的理解，又能合理分配课堂时间。因此，教师要增强运用"慕课"平台的能力，将"慕课"平台的优势运用到教学中，合理运用"慕课"平台带来的教学方式的变革、教学内容的创新、沟通机制的完善。

## 三、加强学生自身建设

### （一）提高学生主体意识

#### 1. 引导学生认识自我

在思想政治慕课的学习中，获取相应的技能并非学生学习的最终目标，其主要目的在于实现学生的全面发展，教师在这个过程中主要扮演着指导者的角色。学生在思想政治慕课教学中应该对于自身在学习过程中的主体地位有明确认识，只有这样，学生才能在学习过程中调动自身的积极性，发挥能动作用，取得良好的学习效果，思想政治慕课的教学工作才能有效开展。

因此，教师应对学生进行积极的引导，让学生在学习的过程中对自我有正确的认识，具备主动意识，使学生更加积极地与教师和其他学生进行交流，真正参与慕课的学习，并且可以对自己学习中所遇到的问题进行有效解决。

#### 2. 提高学生自主探究的能力

学生应该提高自主探究能力，以便适应思想政治慕课的教学模式。在学习中，应该对各种技巧进行深入了解。与以往的教学形式相比，思想政治慕课课程有着不同的形式，这就导致部分学生很难适应新的授课形式，进而产生抵触心理。这种情况主要是因为大学生不具备非常强的自主学习能力和探究能力，导致学生在慕课的学习中没有掌握学习方法，也就不能有效和主动地开展学习活动。因此，学生应该积极参与线上与线下的讨论活动与交流活动，发现问题并主动解决问题，提高自身的自主探究能力，这样才能取得良好的思想政治慕课课程学习实效。

## （二）加强自我管理能力

学生应对自我管理的重要性有深刻认识。在思想政治慕课课程学习中，学生不会有升学的压力，也不会面对严格的教师与家长。如果学生想要在大学期间学习更多知识与技能，实现自身的全面、健康发展，就应该进行自我管理。大学生的心理和智力不断成熟，有能力进行自我管理。在日常的学习中，大学生可以根据兴趣和喜好选择相应的选修课程，在学校合理安排的基础上，从自身发展的实际需求出发，认真对待每一门自己选修的课程。帮助学生树立正确的世界观、人生观、价值观是思想政治慕课课程的目标。学生作为课程的主体，应该合理安排时间来完成思想政治慕课课程的学习任务，达成学习目标，提高学习效果。

学生应该具有较高的规则意识和规则理念。在学生成长与学习的过程中，规则意识有着重要的作用。现如今，高校中出现了很多学生不重视规则意识的行为，如作弊。教师应该在进行思想政治慕课教学时，建立起公平的考核制度和完善的评价制度，在对学生进行考核与评价时应该做到全面且客观。教师也应该监督学生的学习过程，帮助学生树立规则意识，帮助学生成长成才。另外，学生应约束自我，充分认识遵守规则与制度的重要性。

## 四、采取师生双向互动的教学模式

在传统高校思想政治理论课课堂教学中，主要以教师授课为主，学生只是接受教师讲授的知识，因此学生在课堂上的积极性不高，教师与学生间的互动也很难实现，学生对知识的掌握程度不够高，要想打破传统课堂式教学的局限性，就要加强教师与学生间的互动。"现代思想政治教育只有加强教育者与受教育者之间的互动，才能充分调动学生的积极性，具有吸引力，才能防止形式主义，取得实效"。[1] 在教学过程中，学生对课程的积极性最为重要，教师应该不断改进课堂教学方式，充分利用"慕课"的优势，积极探索各种具有针对性的课堂教学方案，探索能够促进师生双向互动的教学模式。

在教师和学生双向参与教学的过程中，促成教师的"教法"与学生的"学法"相辅相成，可以借鉴以"微课程"为教学单元的路径，从教师课内教学、学生课

---

[1] 张耀灿. 思想政治教育学前沿 [M]. 北京：人民出版社，2006：387.

外学习两个互补层面开展教学活动。教师和学生共同完成"慕课"制作、学习，共同学习名师的授课视频。学生在课前自主观看视频之后，会产生不同角度、不同层面的认识。在课堂交流中，教师针对学生在观看"慕课"视频之后产生的问题进行解答，学生也可以就自己在观看过程中存在的疑点与教师交流。学生与教师间针对问题进行讨论，由学生被动接受知识到主动参与讨论，发挥了学生的主体能动性，更好地提高了学生的积极性，从而实现教师与学生双向互动。

　　基于"慕课"平台，在课堂上教师对学生提出的问题集中答疑，以一对多形式进行互动；授课教师还提供每周两小时左右的论坛在线时间与学生开展交流；课后测试通过客观题与学生进行一对一形式的实时互动交流。课堂提问也有助于促进师生双向互动。在这一环节上，教师主要引导学生主动思考，参与教学活动，更好地促进师生间的双向互动与交流，从而优化思想政治理论课"慕课"的教学模式。

# 第五章　新媒体时代高校思想政治教学之微课模式

本章将围绕微课模式在高校思想政治教学中的应用展开系统的探究，分为以下几个方面：微课概述，在高校思想政治教学中应用微课的必要性和可行性，高校思想政治微课程设计存在的问题和原因，在高校思想政治教学中开展微课的原则与对策。

## 第一节　微课概述

### 一、微课的定义

自2013年以来，微课日益受到教育界的关注，学界的众多专家学者对微课作了各种定义。黎加厚在《微课的含义与发展》一文中给出了微课的简明定义："微课是指时间在10分钟以内，有明确的教学目标，内容短小，集中说明一个问题的小课程。"[1] 张一春在《微课建设研究与思考》一文中认为："微课是指为使学习者自主学习获得最佳效果，经过精心的信息化教学设计，以流媒体形式展示的围绕某个知识点或教学环节开展的简短、完整的教学活动。"[2]

通过这些定义，我们对微课有了一个相对直观而又概括的理解。微课中的"微"不仅在于时间上的短暂，更在于其内容上的微观和简明；课程不仅是对学生学习宗旨的最好诠释，更是脱离创造者而独立存在的统一体。总结各位专家学者的意见，本书赋予微课这样的定义：微课是指针对微小内容，在短时间内讲解，有明确的教学目标，以流媒体的形式面向学生学习的独立小课程。

---

[1] 黎加厚. 微课的含义与发展 [J]. 中小学信息技术教育，2013（4）：10-12.
[2] 张一春. 微课建设研究与思考 [J]. 中国教育网络，2013（10）：28-31.

## 二、微课的特点

### （一）教学时间较短

在微课中，教学视频是核心组成。一般来说，微课的时长是 5 到 8 分钟，最长的也需要控制在 10 分钟左右。鉴于此，与传统的 40 或者 45 分钟的教学课例相比，我们可以称微课为"微课例""课例片段"。

### （二）教学内容较少

传统课堂中有着较为宽泛的范围和内容，但在微课中，主题鲜明，问题集中，这与教师的需要更加契合。在传统的课堂中，教师需要完成复杂的教学内容讲授工作，但在微课中，主要强调某个学科知识点，如教学中的重难点、教学中的疑点等。此外，微课也可以对课堂中的教学环节进行反映，或者反映教学主题。微课有着精简的内容，我们也可以称其为"微课堂"。

### （三）资源容量较小

一般来说，微课视频及配套的辅助资源总容量为几十 MB，视频的格式为流媒体格式，方便进行网络在线播放。师生正是基于此来完成在线观摩课例、观看课件、查找教案，对于这些辅助资源，师生也可以对其进行灵活下载，在移动设备上进行学习，这可以方便师生进行观摩、学习、研究与反思。

### （四）资源组成"情境化"

在微课中，我们应该选择有着突出主题、明确指向、相对完整的教学内容。微课的主线为视频教学片段，具体包括教案或学案在内的教学设计、进行课堂教学所使用的多媒体课件、相应的素材、学生的反馈、教师的课后反思、相关专家的点评等内容，这就组成了丰富多样、有着明确结构的"主题单元资源包"，为师生的教与学营造了"微教学资源环境"。因此，微课资源具有鲜明的视频教学案例特征。这种教学情境具有真实、具体、典型案例化的特征，师生在这样的情境下可以提高高阶思维能力，如"隐性知识""默会知识"等。教师还能对自身教学观念、技能及风格实现改变与创新，有利于提升自身的课堂教学水平，朝着专业化的方向发展。对于学生而言，有利于提高学生的学业水平与能力。对于学校教育而言，微课不仅成为教师和学生的重要教育资源，而且也构成了学校教育教学模式改革的基础。

### （五）主题突出，内容具体

在微课中，每个课程仅有一个主题。微课所研究的问题都是真实的、具体的，是师生可以解决或者是与其他人一起解决的问题。微课的问题有的是在教育实践中遇到的具体问题，有的是生活的思考，有的是教学的反思，有的是对重难点的突破，有的是教学方法，有的是学习策略等。

### （六）草根研究，趣味创作

微课的课程内容容量非常小，因此，所有人都可以研发课程；实现教学目标、教学内容、教学手段的紧密相连是课程研发的目的。鉴于此，教师应该在研发微课时，选择自己熟悉的、学生感兴趣的、自己有能力解决的问题。

### （七）成果简化，多样传播

微课具有鲜明的主题，具体的内容。因此，其研究内容易于表达，且容易转化为研究成果。微课的课程容量小且时间短，传播形式多样，如手机传播、微博讨论等。

### （八）反馈及时，针对性强

微课是在短时间内开展的"无生上课"活动，教师可以及时获得他人对自身教学的评价反馈信息。与传统的听课及评课活动相比，微课的评价具有即时性。在微课中，人人参与其中，在学习的过程中相互帮助、相互学习，实现共同提高。这对教师而言，可以在一定程度上缓解教学压力，教学评价也会更加客观和严谨。

## 三、微课的设计

### （一）微课中PPT的设计

微课中的PPT服务于学生自学，为了让学生保持学习兴趣，PPT的页数应精简。在制作微课PPT画面时，应该保持画面的淡雅别致。复杂多样的元素很容易分散学生的注意力，使学生忽视学习的内容。鉴于此，在制作微课PPT时，应该选择浅色的背景，减少对学生的干扰。

微课 PPT 应该有简练和醒目的文字。若文字过多，那么学生就会耗费大量时间来阅读文字，而忽视教师的引导。反之，如果文字过少，学生的注意力只会集中在教师的讲授上，那么文字就不能发挥其应有的作用。因此，微课 PPT 的文字应言简意赅，可以以列举的形式将该部分的主题点出，避免长篇大论或文字过少，让学生不知所措。

### （二）微课中教学视频的设计

要想使微课获得成功，微课中的教学视频是非常关键的影响因素，所以微课中教学视频的设计十分重要。在教学视频设计中，教师应该使用具有逻辑性、精练的语言进行知识点讲授，对重难点问题直接进行讲授。教学视频应该保持较小容量。此外，在教学视频设计中，我们还应关注以下问题。

首先，要制作背景干净的教学视频画中画。在微课中，学生学习的视线和关注点会长时间停留在画中画部分。如果教师的画中画背景较为凌乱，那么学生很难集中注意力，也就很难达到预期的教学效果。鉴于此，教师为了保障画中画背景干净，可以使用浅色的墙壁作为衬托，也可以使用浅色的窗帘作为衬托。

其次，教师的目光应该直视镜头，要及时作出表情。教师在学习开始时，可以表现出疑问的表情，学生在此时会随着教师的引导进入问题提出环节；在学习中，教师可以作出微笑的表情，给予学生鼓励，帮助学生获得解决问题的办法；在复习阶段，教师可以作出赞许的表情，在学生回答正确时，给予学生奖励。在微课教学视频中，教师丰富的表情可以帮助学生拥有一对一的师生交流体验。

### （三）微课中教案的设计

在微课教学中，教案是重要的辅助手段，换句话说，教案扩大了微课的范围。对于学生而言，微课教案是重要的参考书，学生在微课学习中是遇到问题时和希望进一步了解微课内容时，可以参考教案。教案的出现，可以节省学生查找资料的时间。教师可以在网站上上传微课的电子教案，学生自主下载，进行深入学习，这一举措也使微课教学有了更加丰富多样的辅助资源。

在微课中，教师可以在教学视频中加入一些舒缓、放松的背景音乐，使学生在轻松、自由的氛围中学习，这样做有利于学生掌握相关的知识技能。

## 第二节　在高校思想政治教学中应用微课的
## 必要性和可行性

### 一、在高校思想政治教学中应用微课的必要性

**（一）有利于提高学生学习的主动性和实效性**

1. 满足学生个性化学习需求

在高校思想政治课中引入微课，可以帮助学生更好地学习知识，学生在课上接受教师的统一知识讲解，在课下，学生可以通过微课来对课上知识进行深化和巩固。以学生为中心是微课的基本出发点，在对微课进行开发时，要保证微课可以吸引学生的注意力，可以帮助学生获取知识和技能，以提高学生的学习成效。微课非常简短，具有灵活性，有利于学生对微课资源的重复获取。学生可以从自身的学习实际出发，进行个性化学习，选择合适层次和类型的学习资源。

2. 有助于培养学生自主学习能力

学生在学习高校思想政治课时，应该对中国特色社会主义现代化建设常识有所了解，还需要具备运用马克思主义的基本原理来处理实际问题的能力。基于此，在教学的过程中，学生应该体现出自主学习能力。在建构主义的角度来看，学生在学习过程中通过感性接触，将新知识内化于自身的知识结构中，学生并非被动接受知识，而是在原有知识的基础上重新构建新的信息与知识，这与微课具有的开放性和互动性的教学特点相吻合。有趣的教学情境较为容易激发学生的学习动机，学生可以借助微材料对社会现象的本质进行思考，主动探究问题的解决办法，将学科原理与实际相结合，实现问题的解决。

3. 有助于形成正确的"三观"

大学生在系统和科学学习思想政治知识的过程中，可以提高自己的基本公民素养，更加热爱祖国与集体。大学生在这一过程中也可以接受系统和专业的政治素质教育。微课的教学设计非常生动和形象，大学生可以在微课所营造的具有思想性和趣味性的场景中进行学习。在这一过程中，大学生实现了自身成长中的情

感、经历、道德基础与社会主义核心价值观的有效和深入结合，树立了正确的、科学的世界观、人生观、价值观。在微课中，非常注重调动大学生的积极性和主动性，这有利于大学生在之后的学习中养成主动思考、自主学习及努力钻研的学习态度和学习作风。大学生在微课的学习中不仅可以学习相关的知识和技能，还能完善自身的人格，促进良好习惯的养成。除此之外，高校思想政治微课秉承互助、开放的学习理念，教师的角色也出现了改变，由以往的课堂控制者转变为课堂的引导者角色。教师应该引导和鼓励学生借助微课资源来获取知识，使学生拥有良好的知识学习体验。同时，教师也应该鼓励学生发表自己的看法与见解。微课可以为大学生营造公平和民主的课堂氛围，有着人性化、科学的评价标准，大学生在微课学习中非常容易获得良好的学习体验，收获学习的乐趣。这有利于大学生形成正确的"三观"，引导大学生成长成才。

### （二）有利于提高课堂教学质量

#### 1. 有利于明确教学目标

在教学中，如果仅仅将知识点进行简单罗列，很容易打断教学思路，导致教学目的不清晰。微课具有单一的教学目标，内容简要，这有利于教师合理把控教学任务，微课在突出教学重点和难点方面具有天然的优势。在高校思想政治课中包含邓小平理论、"三个代表"重要思想、习近平新时代中国特色社会主义思想等知识点。为了拉近学生与知识点之间的距离，教师可以将"我国改革开放四十年巨大进步"这个微视频作为背景进行知识点的铺垫，以"通过对比父母和自己童年的生活变化这一现象，你看到了祖国哪些方面的成就"为主题开展课堂讨论，学生借此可以加深对"邓小平特色理论内涵"这个知识点的理解。总而言之，微课应该围绕教学目标来设计每个环节，只有这样才能让学生在这一过程中完成学习目标，厘清学习思路，达成学习目的。

#### 2. 有利于提高课堂效率

微课中有非常多样的多媒体呈现方式，如音频、视频、网络交互工具等，这些方式符合人们的思维规律，与人们的感知规律、记忆规律及注意规律相契合。在高校思想政治课中，我们可以选择一些多媒体素材帮助学生学习思想政治知识。在进行选择时，应该选择具有代表性和针对性的素材，并积极利用多种媒体信息，如声音、图像、文字、语言等，为学生呈现出更加形象和生动的知识点，让学生在课堂上的注意力更加集中，提高学生的学习积极性和主动性，进而提高教学效果。在微课设计时，我们应该遵循"以学生为主"的微课设计理念，积极调动学生的主人翁意识。例如，教师可以将"法律意识"设置为主题，组织合作探究式发言，或者是围绕"影响价格因素"这一主题开展辩论式的活动。这些活动的开展可以有效调动学生的积极性和主动性。在形式上，微课非常简短和精巧，这有利于教师梳理复杂的知识脉络，为学生呈现出清晰的知识体系，帮助学生在较短时间内有效把握知识重点和难点，保持较好的学习状态，提高思想政治学习的效率。

**（三）有利于教师提升教学水平**

1. 促使教师更新观念

人们一直以来对思想政治课存在误区，常常称其为"死记硬背科目"。在高校思想政治课中应用微课，不仅实现了教学方法上的创新与进步，还实现了对教师教学观念的更新。在教学时长上，微课打破了传统45分钟课堂时间的限制；微课从更加多元和更加多样的角度来呈现知识；在微课中，教师的角色也出现了转变，由原本的主导者转变为引导者；在学习过程中，微课围绕学生开展学习活动；在学习方式上，微课实现了线上教学与课堂教学的结合，实现了零散与集中的结合；在评价方式上，微课实现了感性和理性的结合，教师也将传统的授课方式与现代科技进行融合，为学生呈现出新的授课方式。思想政治课教师在不断改变教学方式的过程中，可以深刻反思传统的教学习惯与教学理念。教师要从教育教学改革的现实出发，积极将微课与教学内容紧密结合，实现高校思想政治课教学模式的创新与改革，以推动高校思想政治教学得到更好的发展。

2. 促使教师提高业务素质

高校思想政治课教师在将微课运用到思想政治课中时，可以提高自身的教学技能，实现自身业务素质水平的提升和自身专业能力的提高。在信息技术不断发展的背景下，微课应运而生，其结合的信息技术与教育教学任务要求教师掌握新的信息技术技能，还需要教师提高自身的综合素质。教师应该从实际需求出发精心设计微课内容。微课模式应该为高校思想政治课教学服务，这建立在教师对学生的心理需求有充分了解的基础上，据此来对微课的内容进行合理、科学安排。对此，教师应该在微课理论上花费时间和精力进行研究，对于经验较少的教师来说，应该对成功的教学案例进行观摩和研究，在此基础上总结经验和教训。教师要想制作出非常精美的微课课件，首先需要对教学主题进行精心设计，对教学内容进行深入研究，合理和科学设计教学环节，这些应该建立在对网络教学资源进行认真搜集并筛选的基础上。同时，教师也应该针对不同的教学内容对多媒体软件进行灵活运用。为了制作精美的微课课件，需要投入大量的精力，不仅要掌握本专业的专业知识，还需要学习新的信息技术，紧跟时代发展的潮流，创新教学方法。因此，思想政治课教师需要花费更多时间和精力来研究相关业务，不断提高自身的知识储备和教学的综合素质与能力。

## 二、在高校思想政治教学中应用微课的可行性

### （一）计算机与网络的普及

随着社会经济技术的进步与发展，平板电脑、智能手机等移动终端设备和网络逐渐普及，为微课的开展和实施提供了必要条件。目前，大学生几乎每个人都拥有手机、平板电脑，这为大学生在课前、课后观看微课视频提供了基本保障。

### （二）多媒体教学设施齐全

现如今，大部分高校教室里都配备多媒体教学设备，为微课的实施提供了必备的硬件条件。还有一些高校为学生配备了平板电脑，为微课的开展提供了便利条件。

### （三）师生乐于开展微课教学

从教师的角度来看，大部分教师在实际教学过程中都使用了微课。教师普遍认为，微课的优势在于其短小精悍，使用起来比较方便快捷，有利于学生课下自主学习和移动学习，配合翻转课堂后取得了不错的学习效果。同时，也有教师对微课提出质疑。但总体上来说，广大一线教师对于微课的开展与应用持积极态度，比较看好微课在教育领域的发展前景。

从学生的角度来看，大部分学生对开展高校思想政治微课比较支持，主要是因为高校思想政治微课以一种全新的形式，使学生从学习中感受到了乐趣。因此，他们非常乐于参与高校思想政治微课教学。

## 第三节 高校思想政治微课程设计存在的问题和原因

### 一、高校思想政治微课程设计存在的问题

#### （一）高校思想政治微课程教学设计详略不当

1. 教学内容选择重知识点、轻教学环节

高校思想政治课有着数量庞大的知识点，高校思想政治微课程很难对全部的内容进行覆盖，由于当前的教学条件有限及目前的微课技术水平不够高。因此，思想政治微课程在教学内容上需要进行选择，需要从教师教学的实际需求出发，综合考虑微课程的具体用途。我们可以对微课程的教学内容进行分类，若从高校思想政治微课程教学内容的特征方面及微课程内涵上进行分类，主要可以分为两类：一是知识点讲解类微课程，这主要是指剖析重点知识和讲解难点知识的微课程；二是教学环节类微课程，主要是指将课堂教学中的各个教学环节制作成微课的微课程，如探究式微课程、情景式微课程等。在选择微课程教学内容时，应该从实际情况出发，尽可能将思想政治微课程的作用发挥到极致。高校思想政治微课程的教学重点在于知识点，在高校思想政治微课程中，大部分的课程都是针对具体的知识点，只有很少的课程设计针对思想政治教学环节。在高校思想政治课程中应用微课程实现了用现代化的技术和手段呈现传统的知识点。对此，我们应该深入挖掘和拓展微课程在高校思想政治教学中的应用范围，要恰当处理教学环节与微课程之间的配合问题，这在一定程度上对于增强微课程在教学中的影响力有着积极的意义。鉴于此，我们应该选择详略得当的微课程教学内容，只有这样才能将微课程所具有的优势发挥出来。

2. 教学目标设计重知识目标、轻能力和情感态度价值观目标

在对微课程进行设计时，多数教育工作者都注重知识目标，忽视了能力目标和情感价值目标，这就导致在微课程中能力目标的作用及情感态度价值观的作用很难有效发挥。尽管思想政治微课程内容简短，但是有着完整和科学的结构。教育工作者应该重视能力目标在教学中的作用，重视情感态度价值观对于学科教学

的重要性,这是思想政治学科内容实效性的必然要求,也是思想政治学科政治素养的特殊性的必然要求。因此,教师应该在微课程设计中体现能力目标和情感态度价值观。

3.教学过程设计重讲授环节、轻活动和提问环节

在高校思想政治微课程教学设计中,设计者将重点放在了讲授环节上,忽视了对活动环节和提问环节的设计,导致在设计高校思想政治微课程时,很难呈现出完整和科学的教学过程。

## (二)高校思想政治微课程课件设计缺乏亮点

在高校思想政治微课程教学中,微课件属于非常重要的组成部分。虽然微课程相对短小,但是在较短时间内,教育工作者需要讲解清楚教学的内容。为了让学生更加方便和快捷地理解所讲内容,需要将知识和辅助材料通过课件的形式传递给学生。在现有的高校思想政治微课程中,存在部分传统课堂讲授的微课程,这些课程主要由摄像机进行拍摄,然后进行后期制作。这种录屏与电子白板相结合的方式与传统的课堂更加相似,其在内容和形式上存在不够新颖的问题,使学生很难产生学习兴趣,难以保持新鲜感。对于大部分思想政治微课程而言,其形式多为录屏和PPT的结合,学生对这种形式的微课程并无太大积极性,这就对课件制作提出了较高的要求。在进行制作时,要保证思想政治内容的时效性及与学生生活的贴合性,为了保证微课程的质量,需要将时政、案例、活动等加入思想政治知识点的讲解过程中,引入视频、图片和情景等元素。纵观高校思想政治微课程,很多教师在设计与制作微课件时,没有鲜明的特点,基本上是对课件的精简,或者是对网络课件模板的简单堆砌,并没有实现创新设计。

## (三)高校思想政治微课程载体设计错落不齐

1.微视频时长参差不齐

当前的高校思想政治微课程时长基本在5到10分钟之间,当然会出现较少的极短微课程,也会出现时长在半小时左右的微课程。高校思想政治微课程的时长在理论界尚未形成统一的认知与规范,长短不一的视频也呈现出设计与制作的随意性和不规范,这不利于保持课程的严谨性。如果对高校思想政治微课程时长

进行科学的调研，根据学生的认知特点、学科的知识特点和微视频的技术特点给出微视频最合理的时长区间，将对高校思想政治微课程的发展有莫大帮助。

2.微视频技术良莠不齐

微视频的制作需要一定的技术手段，不同的技术手段对应的制作成本也不同。虽然目前微视频技术还不成熟，但是不同成本投入对于微视频效果有着较大的影响。[1]对此，我们根据微视频所需要使用的制作技术对微视频进行分类：①在职教师自己制作的微视频。这种微视频基本采用的技术是录屏软件及PPT，在技术要求上不高，制作过程较为简单。②高校师生共同制作的微视频。一般这种视频用于参赛或者研究，技术较为复杂，在微视频中会有很多元素，如图片、动画等。③教育机构所制作的微视频。这主要是向受众展示自身的实力，增强自身的吸引力，一般由专业的微视频制作团队来完成，技术非常复杂，制作成本高昂。当前，微视频制作技术尚不成熟，导致微视频技术出现了良莠不齐的现象，这也成为当前高校思想政治微课程发展的重要阻力。

## 二、高校思想政治微课程设计存在问题的原因

### （一）对高校思想政治微课程的本质特征认识不到位

高校思想政治微课程有效结合了学科知识点和教学环节。师生在高校思想政治微课程中不仅深入理解了思想政治，还实现了教学资源的丰富和教学手段的创新，提高了教学效果。在高校思想政治微课程中，教师是进行设计与制作的核心，要想呈现出高质量的高校思想政治微课程就需要广大教师准确、科学地把握思想政治微课程的本质特征。我国正在进行教育改革，随着互联网的发展及信息技术的进步，微课程受到了广大教育工作者的欢迎，深受研究者的追捧，但与其他学科的微课程相比，思想政治微课程并没有得到深入的研究。虽然当前微课程的发展非常迅猛，高校思想政治微课程也随之获得发展，出现了很多作品，但这些作品并没有深入研究思想政治学科与微课程技术之间的有效融合，导致高质量的微课程较少。

---

[1] 任红杰. 基于核心问题的思想政治微课设计探析[J]. 社科纵横，2018，33（9）：126-128.

## （二）高校思想政治微课程缺乏社会统一标准

为了给广大学生提供优质的、高质量的高校思想政治微课程，增强高校思想政治微课程的吸引力，在设计和制作时，教师应该将微课程的特征与思想政治的学科特点相结合。当前，微课程的发展不够成熟，尚未形成高校思想政治微课程的社会统一标准。在这样的背景下进行盲目创新是不可取的，我们应该进行有意义的创新，需要实现思想政治学科特点与微课程技术特征之间的有机结合。在进行创新时，我们应该从形式和内容两个方面入手，只重内容或只重形式都是不可取的。因此，我们应该尽快制定和完善统一的社会标准与要求，保证高校思想政治微课程走向规范化的发展道路。

## （三）高校思想政治微课程发展不均衡

我国正在进行教育改革，针对教学模式也展开了新的有益探索，出现了很多新的教学方式，如翻转课堂、研究性学习等。这些新的教学方式的出现要求教师具备较高的能力和技术水平，要求学校具备相应的技术条件。在互联网信息技术发展中成长起来的高校思想政治微课程会受限于一定的技术条件。此外，我国各个地区的经济发展程度不同，教育发展程度也有一定的差异，这就导致不同地区的高校思想政治微课程的发展水平不同。

我们可以看到，在经济发达的沿海地区，高校的教学信息化程度较高，容易推广高校思想政治微课程，师生接受程度较高；在相对落后地区，尤其是贫困地区，因为没有与之相对应的教学条件和经济条件，所以在开展和制作高校思想政治微课程中会遇到很多问题，进程较为缓慢，发展相对滞后。在当前的高校思想政治微课程中，只有小部分较为优秀。为了实现全面发展，我们应该对当前思想政治微课程中所出现的问题进行有效解决，只有这样才能实现健康、长久发展。因此，我们应该让更多优秀学者、教师、专家参与高校思想政治微课程的制作与推广。

## （四）高校思想政治微课程评价设计不系统

### 1. 评价内容不明确

微课程的内容复杂，形式多样。我们在对高校思想政治微课程进行评价时，也需要包含对各种复杂的内容进行评价。为了更好地对微课程进行反思与改进，更好地在思想政治学科中发挥出微课程评价所具有的作用，我们应该明确高校思想政治微课程的评价内容。我们可以看到，当前的微课程评价标准和指标不够全面，仅仅针对微课程的单一组成部分，这就导致微课程评价设计没有实现与微课程内容、形式的结合，没有考虑到学科的特点，不够系统和细致。例如，在评价教学选题时，主要针对选题所具有的典型性及简明性进行评价，但并未对简明性与典型性进行准确和具体的定义。为了有效反思和改进高校思想政治微课程，我们需要明确评价内容，这是今后我们努力改进的方向。

2. 评价方法不规范

一些微课程平台并未对微课程的评价方法进行详细介绍，很多高校思想政治微课程缺少课后的讨论环节，仅仅包含平台内部的评价。对于某些网络微课程平台来说，对高校思想政治微课程的评价主要根据固定的评价指标，基本上只是对学生、教师及专家的在线反馈，并没有对不同的受众采用不同的、有针对性的、科学的评价方法。在对高校思想政治微课程进行评价时，也没有采用测试法、谈话法、记录法等评价方法进行系统、全面、科学的评价，所以高校思想政治微课程的评价结果不够客观。我们应该改进和创新评价方法，采用多样的、科学的方法来对不同的受众进行评价，以此助力思想政治微课程的发展。

3. 评价标准不统一

在社会中存在很多网络微课程平台，每个平台都有自己的微课程评价体系。不同的评价标准，导致出现了各种各样形式和设计的微课程。对于每个网络微课程平台来说，其从自身对于微课程的理解出发，为了满足自身的需求制定了相应的微课程评价标准，这些标准无法准确筛选出高质量的高校思想政治微课程，导致学习者很难准确选出高质量的课程。完整的评价标准是设计和制作微课程的前提和基础，微课程只有在同一评价标准基础上进行设计、制作及创新，才能保证拥有较高的质量。

## 第四节　在高校思想政治教学中开展微课的原则与对策

### 一、在高校思想政治教学中开展微课的原则

#### （一）实用性原则

实用性原则是指在设计与开发微课的过程中要坚持实用为主，够用为辅。课程设计之前，需要关注学习者的需求，在看完本节微课后，能否将所学知识应用到现实问题的解决当中。

微课集成了多种要素，包括文字、图像和声音，信息量丰富、趣味性强，可以有效激发学生的学习兴趣和探究热情，是进行高校思想品德课教学的一项重要资源。微课能够很好地调动学生的学习积极性，建构学生学习的情境，从而使课堂教学的信息容量得到进一步增加。

微课不只是制作视频，它还有着自身完整的理念和体系。除了视频制作，要有配套的课程方案（包括学习目标、学习提示和学习任务等）和课程计划等，要收集整理海量相关教学资源和备课资料，包括外媒报纸杂志的电子版、获奖的优秀微课作品、精彩的演说视频、影视剧的片段、纪录片、综艺或访谈类节目等，形式不限，所涉领域广泛，包括政治、经济、文化、历史等多方面，多为大学生需要关注的热点话题。

在课程标准的指导下，对高校思想政治课程中的知识点进行合理、适度的剖析和选取，与整个学科课程在整体上连贯一致，内容恰到好处，才能将其效益最大化，一切以学生的实用为中心，在实际教学过程中要追求实效，杜绝空泛。

#### （二）简明性原则

简明性原则是指微课在设计与开发的过程中坚持画面简洁，内容少而精，能够简单明了地反映客观事物，突出重点，一目了然。画面越简单，学习者的注意力也就越集中，还要注意给学习者留下想象的空间。微课是能够让学习者的学习不受时间和地域的限制，能够实时地进行学习的教学资源。因此，教学视频要兼

容不同的播放环境，既可以在电脑上播放，也支持各种移动终端设备，视频界面的设计必须直观，既简洁又美观，便于学习者操作。简明性原则主要表现在以下三个方面。

第一，微课时长要短，限于5到10分钟，符合视觉驻留规律和学生的认知特点，时间过长不利于学生注意力的集中，容易视觉疲劳，达不到预想的效果。

第二，教师在录制微课时，语言要简洁凝练、清楚明白、诙谐有趣。同时，还要插入相应的字幕，避免教师表述不清或学生没有听清的弊端，微课要使学习者易读、易懂，既具有趣味性，又具有易学性。

第三，从微课的内容来看，应当力求以最小的容量最快地解决问题。因此，微课内容的设计需要避免出现知识点的重复，不要加入无价值或是不重要的信息内容，不牵扯其他的内容，要具有更强的针对性和目的性。微课内容的设计应当致力于实现当学习者对一个知识点不明确时，只需要观看相应的视频资源即可解决问题。

### （三）灵活性原则

灵活性原则是指在微课设计与开发的过程中要做到技巧的灵活使用，内容的灵活调整，教师能够根据教学不同的内容选择相应的教学方法，激发大学生的学习动力和学习兴趣，牵引学生的思维和情感。坚持微课教学的灵活性原则，是为了解决在实践教学过程中会随时出现的突发问题，避免出现由于缺乏灵活性而降低教学质量的现象，教师在课堂教学过程中要预先设置多种组织方案，教学设计要留有余地，当出现突发情况时能及时修改和调整原定方案。教学内容和学生认识在教学过程中都是动态的、不确定的、变化的因素，随时都有意料之外的情况发生，教师要随着课堂情况的变化对教学方法不断地进行调整，使教学能够顺利地进行下去，不至于偏离教学主题，从而达到启发学生发散性思维、多角度思考的目的。

微课可以灵活地应用到教学的任何环节，微课的开发与设计具有相应的配套课程，可以在课前、课中、课后任意地引入教学过程，微课因其时长短的特点，不会对日常课程的教学活动产生干扰或影响。在课前，大学生可以通过观看微课视频，自主进行学习，预习授课内容，掌握该知识点；在课中，微课是课堂教学的一种辅助手段，课堂是答疑解惑的场所，当学生对知识有疑问时，教师可以集中统一播放，帮助学生更加形象直观地理解该难点；在课后，通过反复观看课程视频，学生可以自主补习、反复学习，直到能够熟练地将理论知识应用到实践中。

### （四）适度性原则

#### 1. 适量

在教学过程中微课的使用要适量，时长、容量要根据具体的教学内容和教学目标来设定，片段不宜过多，容量不宜太大，否则会使高校思想政治课课堂教学节奏失控，教学过程前松后紧，教学内容受到挤压，教学主题受到冲击。

#### 2. 适时

播放微课时要善于把握学生的心理状况和实际需求，选择合适的切入点，在学生遇到困惑或参与性不高时，能够达到事半功倍的效果。

#### 3. 适当的方式

教师要根据教学内容的特点来选择恰当的呈现方式，对重难点问题和一般知识点采取不同的讲解方式，确定播放的顺序、次数和手段。

#### 4. 适宜的解说

在高校思想政治课堂教学过程中，应根据所讲课题的具体内容、学生实际情况与需要，选择性地使用微课进行教学，以提高课堂教学的质量。教师在课堂引入微课之前，要最好构思好相应的解说词，合理地引入微课中，观看完微课之后，见缝插针地提出问题。适宜的解说可以对微课起到升华主题的作用。

## 二、在高校思想政治教学中开展微课的对策

### （一）建立长效激励机制

思想政治课最重要的一个特点就是内容的时效性，信息的高频、持续更新是微课应用于在高校思想政治课的一个重要前提，内容老旧、信息过时，必然导致大学生接受思想政治教育的积极性大大降低，造成高校思想政治教育手段和教育受众的脱节。利用一些外在的措施给予高校思想政治教育工作者更大的鼓励，激励他们不断充实和更新自己的理论知识和理论框架，提高参与制作微课的积极性。高校应建立长效激励机制，促进微课持续更新，多方面、多途径地促进微课在课

堂教学中的应用。

教师和学生的肯定与赏识所产生的影响力和推动力，是保证微课在课堂中得以利用的重要原因，高校思想政治理论课的教师一般教学任务较重、科研压力较大，通过微课进行理论课教学势必要占用教师更多的个人时间和精力。把微课纳入高校思想政治课教学的整体规划中，要制定切实可行的教学方案、教学大纲和课程内容，确保微课能够长期运用，在高校教师的绩效考核中，制定相关的鼓励、奖励政策，建立配套的工作量计算和劳务报酬机制，调动教师的积极性，同时，建立相应的精神奖励机制，在各类职务评聘中，建立相应的关联机制，否则会挫伤教师的积极性。

高校还应制定相应的评价激励制度，定期或不定期地进行微课教学比赛，将微课上传到学校网站，采取在线投票的方法，对关注量和点击率进行统计和排行，设立多种奖项并配套一定数额的奖金或奖品，颁发荣誉称号等，以此激励教育工作者将这种热情和积极性保持下去，不断地创新思想政治课的教学方法。

**（二）加强现代教育技术培训**

建设一支政治素养高、业务水平高、生活作风正派的思想政治教育队伍是微课应用于高校思想政治教学的人才队伍保障。但是当前高校的思想政治教师队伍普遍存在着对微课认识不够、理论水平不高、管理不到位、教学与科研能力不强等问题，实践能力受到一定的限制。鉴于此，我们必须加强对高校师资队伍的培训，保证高思想政治课的可持续发展。

第一，鼓励教师组织开展社会实践、外出考察活动，开展各高校教师间的交流与合作活动，教室相互学习，开阔视野，不断丰富微课素材，提高队伍的整体素质和教学能力。

第二，鼓励教师开设小班研讨课，引入翻转课堂、慕课等新的理念和方法，采用研究性、探究式的授课模式，使教学手段和教学方式能够得到更好创新，从而让微课在高校思想政治教学中，更好地发挥引导作用。

第三，建立完善培训体系，逐步开展有针对性、分层次、多形式的微课培训，为高校的思想政治教师制订培训计划，进一步加强培训工作的制度化、系统化，推动思想政治教育者向职业化、专业化发展，使教师的微课制作与理论研究水平能够得到切实提高，使教师的微课开发技能水平能够得到切实提升。

## （三）开发相应的教育平台

高校思想政治教学方式的创新效果如何，在很大程度上取决于是否有相应的教育平台。平台的结构内容主要包括以下 4 个方面。

1. 微课平台设计的理论研究和框架结构

微课平台的理论研究和框架结构包括思想政治教育目标的设计、教育环境的设计、教育资源的设计、学生自主学习的设计、指导性学习的设计、学习评价设计等。

2. 数字化教学环境

受时间和空间的限制，传统课堂教学活动并不是单项存在的，尤其是语言教学，要有师生的互动才可以顺利完成，而听说教学更是如此，互动的程度决定着课程的目标达成程度，教学效果。在"互联网+"时代，微课资源依赖的平台不受地域和时间限制。这个新兴事物多属于网络免费公开课程，没有设立准入门槛，无论何时何地，学生只要可以接触到网络，都可以享有学习资源，微课教学视频无疑成为真正实现教学资源共享的主力军之一。

为了能够更好地满足以"学"为中心的新型课程组织形式的教学要求，微课致力于在现有多媒体教室的基础上，建设数字化教室，包括交互式智能白板、传感器、自动跟踪录播系统、实时编辑生成系统及线上直播系统等。

高校思想政治理论课的目标在于帮助学生将所学知识深深扎根于心灵深处，从而使其能够在任何时间、任何地点接受文化的熏陶和知识的传承。同时，也要发挥高校思想政治理论课在塑造学生思想意识上的主阵地作用。从思想教育的学科属性来看，与时俱进是系统学习政治知识的重要因素，而微课的广泛性和深度也在便捷的网络传播方式中得到了支持和保障。微课以短小的视频为主要形式，强调了它在终身学习、泛在学习、移动学习中的重要性，实现了"时时可学、处处可学"的目标。

在高校思想政治理论课上，使用微课有利于教师更好地设计教学内容，重点关注思想学科的难点、疑点、易错点和易混淆点。此外，微课具有可扩充性、可设计性和可视性等特点，可以更好地实现知识共享，进一步推动思想政治教育的发展。

除了微视频，微课资源还包括与教学主题相关的教学设计、素材、课件、教学反思、教学练习、知识测试、学生反馈和教师点评等内容。

3. 丰富教学内容

一是注意内容的质量，二是以平台内容引导学生学习。保证平台内容的质量就是要提高资源的权威性和实用性。确保平台内容对高校思想政治教学有帮助，与高校思想政治教学目的一致，能够满足学生需要。教学内容要贴近生活、贴近实际，激发学生兴趣。同时，在教学平台上设置自学材料、拓展材料和在线测试。自学材料是每个单元的课件，课件内容主要是基础知识和重点难点；拓展材料包括教学案例（视频案例、文字案例）和阅读材料；在线测试为单元测试，单元测试中客观题基本在自学材料中，主观题从教学案例和阅读材料中选取。

4. 平台的管理和维护

平台的管理和维护主要是管理和维护平台资源、平台技术设施，以确保平台正常运行。首先，加强监控，防止不良信息的传播扩散，及时清除有害信息，净化网络教学平台环境，为大学生提供积极健康的学习环境。其次，定期对网络服务器进行检测，以确保教学平台正常运行。同时，在网络上设立报修系统，教师、学生在使用平台遇到技术问题时，随时报修或咨询，以尽快解决问题。

**（四）深入开展相关理论研究**

在高校思想政治教学中应用微课的理论研究不够实际，应用理论研究应该具有鲜明的实践特征，主要是为微课的发展及微课在高校思想政治教学中的应用提供具体的理论支持与指导，着力于解决高校思想政治教学实践中所出现的各种理论和认识问题，使理论能够真正转化为具体可行的实践方案与方法，解决各种实际问题。就目前来看，大多数研究主要停留在微课的概念及对当前的教育影响方面，对于它的设计、开发与在学科应用方面的研究较少，停留于表面现象的简单描述，不具备普遍适用的借鉴与指导意义，也没有理论的升华与总结。

在高校思想政治教学中应用微课的理论研究应以"学习"为起点，重点是借助微课这一新型教学手段促进学习，而不是微课的概念、原理和微课的设计与制作。虽然微课的局限性对高校思想政治教学的应用具有一定的影响，但并不是主要矛盾，重点是微课的运用能否对学习起到促进作用，能否达到教育目的。

在高校思想政治教学中应用微课的理论研究要考虑学习者的初始能力。对于不同初始能力的学习者来说，微课的作用也不同。对于同样的学习内容，无论是用微课还是传统的课堂讲授，对于不同的学习者来说答案都是不同的。对于知识储备较少的学生来说，传统的课堂讲授更具明显优势；对于知识积累较多的学生来说，差距不明显。因此，在高校思想政治教学中应用微课的理论研究应考虑学习者的初始能力。

# 第六章　新媒体时代高校思想政治教学的其他模式

本章对新媒体时代高校思想政治教学的其他模式进行了简要介绍，包括以下三个方面：新媒体时代高校思想政治教学的直播互动教学模式、新媒体时代高校思想政治教育共享社区模式和基于"易班"的高校思想政治教学模式。

## 第一节　新媒体时代高校思想政治教学的直播互动教学模式

在移动互联网时代，人们对直播互动教学越来越感兴趣。这种教学活动以移动互联网技术为基础，实现了虚拟环境与实际环境的结合，能够即时互动和开放参与。因此，成为移动互联网时代教育发展的新趋势。

### 一、网络直播概述

#### （一）网络直播的定义与发展历程

近年来，随着科学技术的进步和互联网的兴起，特别是移动互联网和移动智能终端设备的长足发展与迭代，信息传播与交互方式出现了新的形态，并得到快速发展。网络直播快速兴起，成为当下最火热的娱乐和商业方式，已渗透日常生活与商业运营的各个方面。

通过网络直播，用户可以在多个社交平台上同时观看视频，这是一种快捷的社交方式。相较于传统媒体的单向直播方式，网络直播具有实时双向互动性，这种互动性不仅具有传播内容的作用，也具备社交特性。

国内关于"网络直播"的概念大致分为两种：一种是网络电视直播；另一种

是我们大家所熟知的"网络直播",即利用互联网流媒体技术,将实时发生的事情,综合音视频、图像、文字等元素,同步展现给受众,并且能够进行双向实时互动的信息传播方式。

从广义上来看,网络直播是指在事件现场实时制作、发布信息,并通过双向流传输的方式进行网络信息发布的一种方式。

从狭义上来看,网络直播是指通过连接网络的移动设备,如手机、平板电脑等,使用摄像头向观众展示自己及表演形式,这样的表演者被称为"网络主播"。

"主播"一词,最开始专指具备较强驾驭节目能力与杰出影响力的职业新闻主持人,后来被更多地用作传统媒体的职业主持人、播音员的统称,也就是我们提到的传统主播、传统主持人。现在这个定义扩大了,被用于新媒体的网络直播者,如网红主播、电商主播、游戏主播等,也是我们现在常说的网络主播。本章专注于探讨网络直播在狭义范围内的应用。

在 2016 年以前,以 PC 客户端为主的直播平台处于主导地位,游戏是主要直播内容。

自 2016 年起,移动客户端(如智能手机、平板电脑)直播平台已成为主要的直播平台,秀场直播是其主要内容。用户在网络直播平台上注册一个账号,便可实现直播或观看他人直播。与此同时,用户还可以利用第三方账号直接进行登录。

在网络直播平台上,观众可以通过在线充值的方式购买虚拟物品,然后将其赠送给主播,这种行为在网络直播圈内被称作"打赏"。

主播可以将观众用虚拟礼物打赏的收入提现为实际货币,以便进行实际的消费。主播能够通过直播领取相应的收益,根据现有的数据来看,这些收益相当丰厚。

(二)网络直播的特点

网络直播具有内容生产、社交互动、用户打赏三大基本属性。其中,内容生产是网络直播的基础,社交互动是网络直播的本质,用户打赏是网络直播的重要动力,三大属性决定了主播和用户的密切关系,使其区别于传统电视传播。

1. 主播与用户共同生产内容

与传统电视直播以主播生产内容为主不同,网络直播是以主播和用户共同生产内容的方式存在。传统的电视直播侧重于宏大客观事件的报道，其背后是专业化的制作团队及专业化机器设备的支持，而网络直播受移动网络技术的推动，尤其是弹幕的产生与应用，使网络用户在直播面前的主动性和能动性得到极大增强。

2. 实时互动

在直播场景中，用户能与主播互动，看到其他用户的踊跃参与。网络主播可以通过展现个人的学识、才华，以及言谈举止等方面的优势，有效提升所代言品牌的知名度及消费者对品牌的好感度和忠诚度，从而为品牌带来积极、正面的影响。

3. 用户打赏

传统的电视直播更多的是履行媒体的社会责任，基本上不会直接涉及经济利益的交换。网络直播则不同，由于大多数情况下是个体行为，用户通过赠送虚拟礼物等形式，对欣赏和认可的主播进行打赏，可以激励主播更好地进行直播。如今，网络直播平台最为重要的盈利模式便是来自用户打赏。"打赏模式实际上是网络虚拟物品赠送模式上的创新，也是建立在网络支付和移动支付业务成熟的基础上的"。[1]

### （三）网络直播的类型

1. 按直播形式划分

按直播的形式进行划分，主要可以分为三种：泛娱乐直播、游戏直播及秀场直播。

第一，泛娱乐直播不同于秀场直播和游戏直播，包括个人社交直播和专业垂直直播。通过室外文艺演出、体育赛事、旅游景点和日常生活等项目的直播，泛娱乐直播成为当前最为流行的直播形式。

第二，游戏直播的主要形式是直播解说游戏、电竞比赛等。

第三，秀场直播，是我国最早出现的一种直播形式，它是一种才艺者表演和互动的直播形式。

从现实的情况来看，在首次使用直播时，很多用户会选择泛娱乐直播，秀场直播紧随其后，拥有很大的空间。而后，用户会选择自己比较喜爱收看的直播类

---

[1] 马铨. 网络直播的创新[J]. 视听界，2016（6）：40-45.

型。即使现在直播平台存在很多不同,这些平台的优势内容仍会集中在泛娱乐、游戏题材上。对于功能的需求比较单一,或者对不在意用户体验的用户来说,专精于直播的独立平台可能是用户的首选。

2. 按内容生产方式划分

从内容生产方式上来看,直播主要可以分为四种:BGC 直播、PGC 直播、PUGC 直播,以及 UGC 直播。

第一,BGC 直播是一种具有营销工具属性的直播形式,即品牌生产内容直播。事实上,对于一种新兴工具的运用相对较为容易,而真正能够拉开差距的还是创意。如果直播企业和个人仅关注外在表现形式而忽略直播内涵的打造,那么绝对不可能获得预期的营销效果。直播平台只是一种信息传播工具,最终仍然是要服务于营销内容。换言之,直播营销和视频营销、微信营销并没有本质区别,重点依然在于内容的创意。作为一种具有营销工具属性的直播形式,BGC 直播的重点在于传播企业的品牌文化。在如今这个快速发展的社会中,产品营销需要创新,企业需要通过直播更好地展现产品、服务,以及品牌的文化、内涵、价值观等。

第二,PGC(专业生产内容)直播包括我们所熟知的体育直播、财经直播及教育直播等。PGC 直播是一种高品质的内容直播,通常由专业团队来进行相关的制作和运营。在 PGC 模式下,内容生产方或提供方大多具有专业的背景与素质,能够系统化、持续化地生产高品质内容,具有极高的供给稳定性。PGC 模式一般要求拥有专业化的工作团队,以企业化模式运作,标准化水平较高,内容以原创为主,多具有网络首发的权限。许多基于传统媒体转型的网络媒体大多具有 PGC 模式的特征,如在新闻采编撰写方面,这些媒体有自己的记者团队与主播团队,能够对新闻内容实现从获取、筛选、编写、编辑、成稿、成片至发布(可同步在电视渠道与网络渠道推出)的全流程管理。PGC 模式的优点是,各类内容均经过专业人员的把关,能够保证内容质量,内容产出有较强的可控性。对于广大受众来说,PGC 通常意味着"专业"与"权威",在网络信息搜索中多出现在排序靠前的位置。PGC 模式的缺点是,内容生产的平均成本较高,产出方需要向团队或外部专家支付酬劳,需要经过专业编辑环节的处理,进而增加了相应的时间成本。

第三，UGC直播形式多应用于秀场、游戏和社交等领域，是一种非集中化的传播方式，即用户生产内容直播。UGC直播的特点主要是覆盖面较为广泛，人人都可直播，生产量大，内容质量良莠不齐等。在互联网不断发展这一背景下，个性化定制服务成为主流，用户不再局限于接收内容，还可以在视频分享、社区网络上输出相关内容来表达自己。由此，平台用户生产内容的模式——UGC越来越受到业界的关注。UGC模式的兴起使企业能够发现更多的营销点，企业可以就相关产品开展互联网活动。在UGC模式下，用户可以自行上传和下载相关内容，不会受到平台的限制和约束。用户参与的自由度和热情较高，使用户的黏性提高，平台的内容也更加丰富。传统的内容产生方式以企业为中心，比较刻板，但UGC模式下的内容以用户为中心。二者研究结果相似，但思维方式却有很大的不同。前者主导用户，指导用户，后者可以更精确地根据用户生成的内容指导用户。

第四，PUGC直播是通过工作室、经纪公司等组织的专业指导，由用户生产内容的直播。PUGC，即专业用户生产内容。专家具有一定的权威性，直播内容由权威专家，使内容更具有可信性。相较于UGC直播而言，PUGC直播解决了内容过于泛滥、质量较低等问题，是UGC直播的升级版。

3. 按直播平台属性划分

根据直播平台的属性，我们可以将直播归为两种类型：原生性直播和衍生性直播。

第一，原生性直播包括大部分的秀场直播和游戏直播。

第二，衍生性直播主要表现为社交、视频、门户、电商等其他平台介入的直播。通过运用网络直播来有效地延长产业链，推动用户购买力的提升，从而更好地保持自身的良好发展态势。

### （四）网络直播规制的历史演进与主要问题

1. 历史演进

从2016年开始，国家就出台了一系列法律法规对直播行业进行约束和规范，2019年，有关部门更是针对网络直播平台出台了《网络直播平台管理规范》和《网络直播主播管理规范》，对未成年主播、网络主播的穿着等方面作出了严格规定。可以预见，在未来，随着对网络直播行业监管力度的持续加大，平台将是通过内容、渠道和用户黏性筑建自身优势，那些能够引起用户的关注的直播内容，往往是高质量的、高水平的内容，直播行业的竞争将呈现出更加有序的状态。

随着网络直播的逐渐发展，关于网络直播的相关规制也在逐步建立和趋于完善。总体来看，网络直播的相关规制主要经过了三个阶段，即网络直播监管体制的酝酿期、架构期及成熟期。

（1）酝酿期

21世纪初，网络直播处于初始阶段，尚未对社会产生严重的负面影响。该时期网络直播规制的主要特征是，专门针对网络直播的法律法规尚未出台，但在与互联网管理相关的法律法规中已出现相应的条款或司法解释，具体的管理监督职责由相关的政府部门分散承担，各自独立，没有形成系统化的监管体制。

（2）架构期

从2010年开始，监管体制开始建立。当时，网络直播已经进入了网络游戏直播的时代。网络直播已经成为大众密切关注和踊跃参与的一项活动。在这段时间内，网络直播的规范化程度更高，相关的法规数量也有所增加。同时，监管机构开始建立协作体系，以便各相关机构之间进行协作，但没有形成上下级关系，一直采用平行的体系结构。

（3）成熟期

在2016年前后，监管体制开始逐步健全。与此同时，网络直播行业竞争异常激烈，经常出现出一些违反法律和道德底线的事件，对社会造成了极大的不良影响。为了更有效地管控网络直播，国家相继推出了一系列专项法规，并于2017年成立了国家互联网信息办公室（简称国家互联网信息办）。在国家互联网信息办的协同下，多个部门共同管理网络直播，形成了初步的法律框架和制度形式。

2. 主要问题

自21世纪以来，通过持续不断的努力，中国特色的网络直播监管机制已经基本成熟，对推动中国网络直播的持续健康发展起到了至关重要的作用。实际情况表明，网络直播行业的增长速度和趋势已经超越了大众的预期。尽管这个行业丰富了人们的文化生活，却也带来了许多社会难题。通过探究和思考网络直播规制的发展历程，我们可以发现，中国网络直播监管机制仍然存在一些问题。

（1）监管手段有待加强

从现阶段来看，针对网络直播的一些不端、不法行为，给予行政处罚和追究法律责任并举。但是，对于一些游走于法律空白或模糊地带却又明显与社会道德相违背的行为，存在威慑力不足的情况，处罚力度显得过于温和。

（2）需要扩大监管范围

目前，网络直播监管的重点是网络直播平台。平台必须对网络主播进行日常管理。然而，政府监管部门尚未实现对整个网络直播生态链的彻底监管。

（3）法律地位有待提升

目前，网络直播的法律体系仍然不够完整，尤其缺乏一部专门针对网络直播的法律。在实践过程中，网络直播的监管主要依据相关法律及部门规范性文件。

（4）顶层架构有待强化

目前，网络直播的监管责任由国家互联网信息办主导，各部委予以配合。虽然看似监管体系完备，部委各司其职，但是缺少统筹全局的权威机构，容易导致政出多门的问题，从而对行政执法的效率产生一定程度的不利影响。

**（五）网络直播的发展趋势**

1. 直播成为新闻报道的重要选择

经过多次编辑和处理的录播视频无法使新闻事件的情况得到真实呈现。相比较而言，直播可以给观众直接呈现出事件的完整过程，不进行任何加工处理，能够直观展现出真实情况。因此，在新闻报道中，直播将成为一种非常重要的选择。

新闻必须具备真实性和时效性这两个基本特征，真实性是新闻存在的前提条件，时效性决定了新闻的价值。没有及时更新的新闻往往会失去对公众的吸引力，而直播可以全方位、立体地呈现突发事件，使"人人即媒体"的传播格局得以形成。

随着全民直播时代的到来，大众在事件传播中发挥着愈发重要的作用，特别是在突发事件的传播方面。每个网民都有可能成为突发事件的记录者和传播者。因此，我们不能忽视广大网民具备的重要影响力。

2. 教育培训逐渐转向网络直播

现如今，越来越多的教育培训机构对网络直播重视起来，纷纷创办了自己的网络直播课堂，开设相应的网络直播课程。网络直播可以最大限度地减少空间和时间的限制，教师和学生不用每天去固定的教室上课，在家就可以完成教学的过程，而且直播后有录播，学生可以随时重复观看，从而巩固知识。

### 3. 明星互动进驻直播平台

在直播的过程中，明星可以实时地观看粉丝发出的弹幕并及时作出回应，这不仅对于宣传新作品有很大帮助，也非常有助于消除公众的误解及不良印象，从而获得更加广泛、切实的传播效果，体现了网络直播平台的互动功能强大且更易于操作的特点。

### 4. 通过直播平台直播执法行动

多年来，基层执法人员在执行执法任务时，常常会因为一些细节问题而引起公众的争议。因此，为了能够更好地适应新形式的执法要求，执法团队可以利用直播平台对执法行动进行实时直播，直播的内容不经过任何的排练或剪辑，来保证执法的规范性和透明度。这种直播方式可以最大限度地保障执法的公正性，能够帮助公众更好地了解执法要求，从而增强其对执法队伍的信任。

例如，西安交警通过运用网络直播这一平台，很好地介绍和展示了交警的管理职能及执法的规范性。通过对查处的几名酒驾者的情况及对执法过程进行详细讲解，更好地帮助民众通过真实情境来对交通知识内容进行学习。同时，交警也在接受广大网友的监督，从而更进一步地实现执法过程的公正和透明。

## 二、直播互动教学的优势

### （一）实时直播交流，实现网络课程的交互性

在直播互动教学中，学生可以通过讨论区即时评论教师的讲解内容，提出自己的疑问。同时，教师也可以根据学生的问题进行回答，弥补了传统网络课程只能单向传授的不足。这种方式更注重学生本身的特点，关注学生在学习实践过程中的沟通和交流，从而更好地激发和调动学生的学习兴趣和学习动机。

传统的网络在线学习过于注重教师，忽视了学生在学习过程中的重要性，缺乏对学生学习活动的充分关注。通过运用实时直播技术与网络通信技术，教师可以与学生进行即时互动，解答疑惑，进而更好地促进师生之间的沟通和联系。

### （二）模拟真实的教学环境，促进教学媒介的发展

相对于传统网络课程——将传统的课程生硬地搬到线上，实时在线直播和互动教学更符合在线教育的理念，能够使学生和学生之间、老师和学生之间拥有更

密切的互动和交流，从而使教学质量能够得到更进一步的提升。

"实时直播教学，相当于将课程网络化。学生在进行学习过程中，除了能够通过视觉观看教师的教学行为，同时能够听到教师的声音，并且能够进行实时的交流互动，模拟了真实的教学环境。"①

### （三）促进教育均衡，实现教育资源共享

借助实时在线直播互动教学，偏远地区能够更好地了解发达地区的先进教育水平和设备，从而促进先进教学理念的传播，推动教育信息化的进步与发展。除此之外，乡村教师能够通过多种多媒体教学案例获取灵感，进而对自身的课程设计和开发起到一定程度的启发作用。

通过互联网这一技术平台进行实时直播的互动教学，既可以让教师和世界各地的学生进行交流和沟通，也可以让学生能够接触到一线教师的教育内容，从而使城乡教育质量的差距有效缩小。

### （四）扩大受众范围，提高教师教学效率

在通信设备和网络信号较为良好的情况下，利用互联网进行直播互动教学，教师可以同时教授上百甚至上千名学生。

传统教育通常采用小班教学，其授课对象一般为40～50人。课堂环境规划考虑到学生的学习需求、经济能力和教师资源。

在网络环境下，虽然受众群体相对较为广泛，但是相对于传统教学的课堂而言，环境影响因素相对较小，教师可以更加专注于课程的内容，从而有助于教学质量的逐步提升。在保证教学质量的前提下，直播互动教学能够更加广泛地满足有课程需求的学生，在一定程度上有效提升教师的教学效率。

### （五）多样化教学情境，再现课程内容的场景

教学内容通常与现实生活息息相关，而实时直播为教学提供了生动的场景模拟，让学生能够更加直观地理解所学的知识内容。

从现阶段的发展来看，学习内容不应仅仅依赖或局限于教师的传授，教师可以在讲授某部分学习内容时选择更加适宜的场景。

---

① 张莞雪. 基于在线教育环境下实时直播教学的思考 [J]. 软件导刊（教育技术），2016，15（11）：77-79.

不仅如此，教师可以即时地在不同场景中使用其他网络直播应用程序的功能对教学内容进行传播和推广。

## 三、直播互动教学存在的现实问题

### （一）教师的教学压力较大，需要筛选优秀教师

虽然直播互动教学能够更加真实地体现出教学的实时性，但是相较于录播视频来说，教师无法对其进行多次的修改和编辑。虽然直播录像可以方便学生进行回看，但这也在一定程度上对教师的教学素养提出了更高的要求。教师需要更好地把握课程内容，教师的语言表达也需要更加流畅和有效。同时，教师还需要具备较强的随机应变能力，从而更好地应对直播课堂可能出现的不同问题或状况。与录播教学相比，直播互动教学需要教师具备更高的教学水平。因此，在全国范围内筛选出优秀教师，以更好地保证教学质量，已然成为一个具有挑战性的任务。

### （二）对网络通信技术的要求更高

在实时直播过程中，有太多学生同时观看视频，可能导致网络负载过大，进而导致视频卡顿、语音和画面不同步等问题，从而降低直播互动教学的效果。

相反，通过录播课程的方式，学生可以在不同的时间段观看视频，有助于减少实时网络流量，使视频的稳定性能够得到有效提升。

因此，在进行直播互动教学时，对于网络通信技术的要求相对更高，需要同时确保视频播放与讨论过程的流畅，从而保证教学过程的实时性及连贯性。

### （三）同伴关系的影响效果较低

在直播互动教学过程中，学生缺乏观察其他同学的机会，导致同伴之间的影响效果较低。

在传统的教室教学中，学生可以不断地学习并找到激励自己的机制。除了受到教师的鼓舞，同伴之间的互相激励也有重要作用，这种学习环境也十分重要。

当学生身处浓厚的学习氛围中时，他们的情绪和心理会受到一定的积极影响，促使学生开始并持续不断地进行学习。

## 四、新媒体时代高校思想政治直播互动教学的应用策略

### （一）高校思想政治课进行直播互动教学的优势

1. 有助于缓解高校思想政治课教学危机

高校思想政治课教学危机的产生是多种因素相互作用的结果。在考虑教育教学方面，除了学生和外部的影响因素，高校思想政治课教学不应当仅仅停留于理论课堂讲解，也不应局限于知识教育和信仰教育，而应该通过实践让学生更加深入地体验、理解和认同。但是，实践教学往往因为缺乏经费、场地、组织、管理等资源而无法得到有效实施和细致安排。网络直播互动教学借助以数字摄像技术为核心的现代高科技手段生成极具吸引力的视频，能够有效整合课堂理论教学与社会实践活动。

2. 有助于创新高校思想政治课教学模式

为了能够更好地推进高校思想政治教育，教师需要充分发挥创新能力，将网络直播与思想政治课密切结合，在教学中创造适宜的网络互动平台，以适应数字化时代高校思想政治教育的需求和发展。

现如今，数字技术在教学和科研方面已然得到广泛运用，使用"互联网+"理念来开展网络直播互动教学显得非常紧迫和重要。

目前，互联网已经与传统领域如农业、制造、医疗、交通和教育等领域深度融合。这将是未来中国互联网技术布局和发展的基本趋势，同时，也将深刻影响人们，特别是大学生群体的思维方式、生活方式及知识接受方式。

随着，互联网技术日益发展，高校思想政治课教师也不能忽视其重要性，必须正视数字时代给大学生带来的深远影响。与此同时，正视并积极探索新的思想政治课教学方法，使其能够与时代发展更加契合。

3. 有助于增加高校思想政治课教学场所

由于网络直播平台的兴起，高校思想政治课教学可以不再受限于教室、实践基地等实体场所。学生可以随时点击观看教师直播教学内容，与教师进行互动交流。这种更为方便、多元化和灵活的教学方式为高校思想政治课教学搭建了更加广阔的时空场域。

通过网络直播进行互动教学，能够最大限度地发挥学生碎片化时间的利用价

值，摆脱传统教学场所的束缚。相较于传统的面对面教学，机对机教学更加灵活；相较于固定的上课时间，随时上线的学习方式更具弹性；相较于实体场所教学，虚拟场所教学更具可操作性。这些特点，为高校思想政治课的教学模式注入了新的生机。

4. 有助于激发大学生参与教学的积极性

教师通过合理利用网络直播互动教学平台，设计吸引人的话题和内容，传达马克思主义理论、社会主义核心价值观及党的政策。当大学生通过直播进行互动，向教师反馈问题和疑惑时，教师可以立即回应大学生的疑虑，及时对疑难问题进行解答。这样的教学方式，有助于更好地将主流文化传递给大学生。

这种方式不仅拉近了师生之间的关系，还帮助大学生深刻领悟到"理论"和"科技"融合所带来的乐趣，从而在很大程度上调动了他们参与高校思想政治课教学的积极性。

就现实情况而言，网络直播互动教学受到年轻人的青睐，这无疑为该领域的发展提供了强大的受众支持。"00"后大学生是在互联网时代成长的一代，他们对各种网络设备有着天然的依赖性，网络成为他们与外界联系和交流的主要方式。

当前，高校思想政治教育面临的最大问题是大学生对思想政治课缺乏热情和参与度不高，缺乏学习思想政治课的积极性。要想有效地提升大学生的学习积极性和参与度，必须深入了解他们的情感倾向、思考方式和成长所需，以此为基础进行改进。鉴于此，网络直播互动教学在高校思想政治课上的应用，可以说是与潮流相符，正合时宜。

（二）高校思想政治课直播互动教学的基本原则

1. 以受众学生为中心

在进行高校思想政治课的网络直播互动教学时，教师应坚持以学生为中心的理念，建立一种自由、平等的双向交流的教学模式。在这种模式下，学生能够真切地感受到被尊重、被关心和被理解，从而体现他们的存在价值。在教学过程中，学生能够显著地提高自身的参与度和关注度，这有助于促进师生之间更好地沟通和交流，进而消除交流障碍。制作直播内容时，教师不仅需要凸显马克思主义及其中国化成果的核心思想和理论特色，还需要考虑大学生的认知方式、思维习惯及审美取向。

以受众学生为中心，即网络直播互动教学应凸显受众学生的主体地位，在直播内容设置和编排形式上需充分考虑大学生的个性特征。

高校思想政治课教师不仅需要向学生传授理论知识、培养学生的科学信仰、弘扬高尚情操，而且需要在直播互动教学过程中，关注学生的生活、情感及内心深处的问题。只有这样，才能将高校思想政治课内容转换为学生终身受益的科学理论知识。

从现实角度来看，网络直播互动教学和传统的课堂教学有所不同。由于缺乏固定的教学地点和教师在场的监督，如果不能满足大学生的审美喜好，就难以获得他们的点击量、观看量以及进行互动交流。

2. 以直播教师为主导

在网络直播互动教学中，教师需要对于自己在教学过程中的主导作用予以明确。具体而言，教师应当在熟悉教材的基础上，根据学生的实际成长需求，创建不同类型和不同层次的网络直播环境，从而更好地激发大学生对高校思想政治课堂参与的积极性。

3. 与指定教材相一致

思想政治课是高校公共基础必修课程之一，其教学大纲和课程安排具有系统性。在设计网络直播互动教学时，教师必须仔细思考如何将思想政治课与互联网技术及网络终端平台有机地结合起来，以确保教学目标与社会主流文化和核心价值观相一致。如果没有找到有效的结合点，很可能导致网络直播互动教学的方向发生偏离，甚至会让大学生陷入思想的泥潭。

思想政治课教师在教学过程中，应该避免为了追求知名度而歪曲教材内涵，创设不合时宜的直播情境。直播教师并非不能成为"网红"，但他们进行互动教学时必须要遵循"马克思主义理论研究和建设工程重点教材"的主旨、内容、任务、精神和目标。

**（三）高校思想政治课直播互动教学的应用策略分析**

1. 明确直播互动教学目标

随着时代的进步和社会的发展，教育部思想政治工作司定期组织思想政治教育，组织理论领域的知名专家学者对教材的内容和形式进行研讨、修订，以确保教材内容具备现实指导意义及与时代发展相适应。

在进行网络直播互动教学时，教师需要紧密贴合教材内容，领会教材精神，把握理论发展动态。同时，要结合大学生实际需求，切实解决大学生关注的难点问题、热点问题，实时在线进行解答。因此，明确教学目标是高校思想政治课教学的基本前提，也是网络直播互动教学的必要环节。

2. 收集直播互动教学资源

可以根据大数据分析高校论坛、青年网站及其他主流网站中对"社会主义核心价值观"这一关键词的提及率和搜索量，通过深度挖掘庞大的数据资源，了解大学生对相关教学资源的兴趣和关注程度，为网络教学的教学资源提供科学的选择依据。

目前，高校思想政治课的网络直播互动教学资源主要分为三类：课内和课外资源、线上和线下资源、理论和实践资源。这些资源的丰富性有助于提供更多样化、更全面的教学方式。尽管有许多教学资源可供使用，但传统的社会科学研究方法可能难以应对庞大的数据内容，而目前广泛应用的大数据采集和分析工具能够展示大量、长期的资源信息。随着互联网技术的不断进步，许多传统的教育资源得以数字化，成为高校思想政治课的重要网络信息来源。

3. 开展网络直播互动教学

网络直播互动教学力求通过创新方式，提升网络思想政治课的教学质量和实际效果。在确定教学目标、收集教学资源的基础上，教师需要进一步明确自己的网络直播互动教学优势，开展具有自身特点的创意直播，以促进高校思想政治课程的良好发展。

更具体地说，教师通过网络直播的方式，将马克思主义理论知识及与学生息息相关的现实问题进行分析和讲解，更加深入地阐述理论知识，使在线学生能够更加全面地了解马克思主义理论知识。

虽然在线互动教学无法完全取代传统的课堂理论教学与实践教学活动，但它在很大程度上丰富了高校思想政治课程的教学方式，扩展了学生学习思想政治课的空间，进而更好地实现了共享优质高校思想政治课程教学资源的目标。

通过对近年来网络直播乱象的探究分析可以推断，网络直播互动教学可能出现的主要问题在于，一些教师过于追求华丽、新奇的教学风格和娱乐化的教学形式，将重心偏离了对马克思主义理论及其中国特色的精准解读、深度评析和有效宣传。所以，在直播互动教学的过程中，教师需要明确网络直播只是教学的一种方式和工具，注重理论知识的准确分析，有效宣扬主流文化，以及合理表达独立见解，才是网络直播互动教学的基础和重心所在。

最后要强调的是，高校思想政治课采用网络直播互动教学并不是为了追求炫目的效果或是简单地取代传统教育模式。在"互联网+"时代，这种教学模式是对思想政治课教学改革的深入探讨和开拓的一种方式。因此，不应当盲目地、随意地修改教材的思想精髓和内容。正是由于网络虚拟世界的错综复杂，教师需要积极引导和监督学生在直播平台上参与互动，使其朝着正确的方向学习和成长。

## 第二节 新媒体时代高校思想政治教育共享社区模式

### 一、新媒体时代高校思想政治教育共享社区模式的特点及意义

在新媒体时代，大量文化思潮迅速涌入大学生的日常生活。同时，开放、多元、虚拟的新媒体传播渠道也对传统的理想信念教育带来了很大的冲击。目前，广大教育工作者面前的一个重要任务，即如何运用新媒体技术对大学生进行理想信念教育，与此同时，应不断探索崭新的大学生理想信念教育模式，从而更好地提高教育的实效性。

"共享社区"是一种建立在共同兴趣上的社区，共享的资源、共同的价值观、互惠的行为，以及共同遵守的规则，是其最为重要的构成元素。

共享社区作为一个基于信息技术支持的社区，参与者之间的互动及由此形成的社会关系，是它的要点所在。共享社区主要包括以下几个方面的含义。其一，共享社区和传统社区有所不同，前者存在于网络空间。其二，共享社区需要得到技术层面的相关支持。其三，共享社区中的讨论内容或主题是由社区参与者之间互动所产生的。其四，伴随着一段时间的群体交流，社会人际关系将会最终形成。

在新媒体时代，高校思想政治教育融入"共享社区"的理念，并且作为高校思想政治教育的新型模式来构建，具有创新性。

**（一）新媒体时代高校思想政治教育共享社区模式的特点**

1. 知识共享

这里所述的知识，不仅仅包含自然科学知识，也涵盖社会科学知识的相关内容。

作为一个致力于分享思想政治方面知识的社群，新媒体时代高校思想政治教育共享社区所共享的知识内容必须与思想和道德紧密相连。例如，大学生所必须遵守的基本道德规范和等。

除此之外，教育者还需要传授如何提高思想道德修养和个人品质的技巧和方法。事实上，在思想政治教育的实践过程中，每个个体都可能扮演教育者的角色，向他人传授自己获得良好品质的经验。这种共享既可以对他人进行直接的指导，还能够使示范作用及激励作用发挥得更加充分。

2. 生活共享

这里所指的生活，应当涵盖个人的生活历程、日常经历及生活所赋予的人生意义等方面。

从本质上来看，共享中所描述的体验和鲜活的实际生活体验之间，具备着密切的关联。因此，共享社区需要关注不在场的因素，即间接体验，从而使这些因素也可以对受教育者自身，以及其他人发挥重要的教育作用。

现代社会的节奏正在逐步加快，竞争日益激烈，导致人们的内心世界相对匮乏。因此，人们更加渴望与他人分享各种体验、经历。现如今，大学生可以在共享社区中得到分享和描述自己经历的机会。在这里，他们能够相互倾听、交流，通过分享经历和抒发情感，共同感受人生，感知心灵之美。

3. 资源共享

随着新媒体时代的到来，社会信息的传递已经由过去的历时传递转变为共时传递。相应地，高校思想政治教育工作者已经无法再独享获取信息资源的优势和垄断权，信息资源的开放性和交互性已经成为这个时代的一个明显特征。共享资源的开发利用是将各种有助于实现高校思想政治教育目标的因素纳入思想政治教育资源中的一个重要方法。

共享社区打破了思想政治教育资源管理的封闭状态，采用了多种新媒体技术和扩大用户范围的方式，使思想政治教育资源的潜在价值获得充分发挥。在共享社区中，可以共享的资源包括书籍、报纸、期刊、教学中的谈话与传达、日常的沟通行为、网络教育资源及教师与学生的博客等。

4. 过程共享

共享社区为我们创造了一种温馨和谐的场景，学生之间可以相互沟通、交流，会在这个过程中感受到幸福、体验到快乐。学生可以从更加多元的维度去感知和体会每种存在方式的美好，从而共同创造及享受生活和学习中的美好。

正是这种积极、正面的共享式的过程体验，有效地增强了大学生的自信心，使他们的道德情感在愉快的共享情境中得到升华，使高校思想政治教育的效率也得到了提高。

在高校思想政治教育的实践过程中，每个人都是主体，对思想政治教育都拥有自己的体验、情感、认知及行为等。只有这些体验、情感、认知、行为在内容上相互契合，在心理层面相互认可，思想政治教育才能真正地被共享，从而极大地提高高校思想政治教育的效果。

### （二）新媒体时代高校思想政治教育共享社区模式的意义

1. 有利于打破时空限制，突出高校思想政治教育的过程性

通过移动通信技术、计算机网络技术及数字技术之间的联结和整合，新媒体成为一个综合、丰富、多元的共享社区，应用到教育领域，呈现出的是一种具有快速、开放特点的教育信息传播，这种传播和交流具有一定程度的创新性和革命性。在校外教育的深化发展方面，新媒体为人们提供了一种打破时空限制的可能性。

目前，在传统高校教育学科体系的影响下，我国大学生的课程学习、社会交往及活动范围往往受到时间和地域的限制。此外，传统教育形式仍然以课堂教育为主，课堂教学通常要求师生同时在场。

从实质上来看，思想政治教育作为一种过程性的教育，不应仅仅局限于课堂教学中，还应通过生活中的方方面面进行实践和体验。例如，充满积极健康元素的歌曲、美丽的绘画、能够深深触动人们情感的语言、感人至深的故事、具有高尚品质的榜样人物等，这些来自日常生活中的、生动的生活体验的信息，都有可能产生一种真善美的影响力。而新媒体时代高校思想政治教育的共享社区模式正好突出了这种过程性。

## 2. 有利于提高主体性，打造高校思想政治教育学习共同体

在具体的学习实践过程中，每个个体都可以通过直接或间接的途径获取共同体的经验，从而不断提升自己的意志品质和实践能力，同时，也可以对自己在学习共同体中的身份与关系进行更好地塑造。

学习者要获得知识技能，必须通过集体学习来实现。学习是一种与群体或环境相互协作和互动的过程，关键在于个体与特定社会群体之间的相互作用，这是学习方法和途径的核心。共享社区能够进一步提高思想政治教育主体的自主选择能力，在一定程度上激发他们的学习积极性。

## 3. 有利于集聚社会有限资源，提升大学生接受思想政治教育的公平性

通常来讲，在名校任教的教师主要服务于自己所在学校的学生，而无法扩大其影响力。由于不同学校之间的差异，大学生所接受的教育存在公平性问题。

共享社区模式使不同高校的学生能够共享优秀思想政治教师的教学资源，为促进优质教育资源的共享提供了一种可行的方式。除此之外，这一模式还为促进大学生思想政治素质的提高提供了一个全新的平台。

这既是高校加快自身发展的内在需求，也是现阶段高等教育发展的战略选择。现阶段的教育公平，对每个社会成员来说就是要在享受公共教育资源时，都能受到公正和平等的对待。

## 4. 有利于引导正确的文化选择，营造大学生思想政治教育的文化环境

高校思想政治教育共享社区提供了一个思想文化交流的平台，让学生可以观看来自不同高校的优秀教师所授课程，感受到不同文化之间的交融，领略到不同高校的人文特色。这为学生全方位提升科学、人文素养和文化品位，拓宽视野提供了良好的机遇。

现如今，文化的多元性逐渐显现，当代大学生面临着很多选择。因此，为了确保大学生能够健康成长，我们需要引导他们不断提高文化鉴别能力，以便进行更好的文化选择，使自身的文化鉴别能力能够得到切实的提升。

综上所述，文化选择的正确与否，不仅与大学生思想政治素养的提升有着紧密的联系，同时，对于大学生人生道路的选择也产生着非常重要的影响。

## 二、新媒体时代高校思想政治教育共享社区模式的运行路径

### （一）注重三环对接，共建和谐化社区

1. 大力推进思想观念的对接，达成思想意识共识性

在当今新媒体时代背景下，进行高校思想政治教育共享社区的建设，社区成员需要达成共识。

一方面，为了能够切实有效地防御有害信息的侵害，需要社区成员对此达成共识。随着全球化和社会化的不断深入，加上先进的新媒体技术的快速发展，人们之间的信息交流更加迅速广泛，各种思想碰撞和交融也愈加频繁。基于此，共享社区的建设需要以社会主义核心价值观为基石，促进社区主体和个人的思想观念协调一致，从而能够更好地实现价值观的认同和共享。这是高校思想政治教育共享社区与其他社区的根本差异，也是所有社区行为的重要基础。

另一方面，从资源内容的开放与共享方面来看，需要社区主体与个人的认识之间达成共识。在传统的社区组织中，更强调的是一种上下级关系，也可以称为纵向垂直结构。在高校思想政治教育实践过程中，这种结构通常体现为受教育者的被教育和被灌输。就发展角度而言，我们需要建立一种横向的社区结构，以更好地促进社会的发展和进步。在这一社区结构中，每个成员都应尽己所能为社区的发展作出贡献，共同促进社区的繁荣。成员之间更为重要的关系是相互依存和共同受益，而不是单纯的权力归属。

2. 强化认知与行为的对接，养成思想政治教育的行动性

从本质上来看，共享社区是一个系统，它能够为个体提供一定程度的规范化机制。这个社区系统采用不同的约束措施，以确保认知和行为之间的一致性，使大学生在接受思想政治教育时能够将个人意识和动机转化为实际行动和良好的行为习惯。

在遵循社会主义核心价值观的原则下，借助共享社区系统设立规则和约束机制，信息协调员可通过多样的方式将社会层面的政治观点、思想体系和道德规范传递给大学生，从而对他们的认知产生积极的影响，进而转化为内在的理念和动力。

3. 实现虚拟社区与现实社区的对接，增强思想政治教育的实效性

通过新媒体这一平台，大学生可以更加方便、快捷地进行交流和沟通，分享

彼此的兴趣和爱好。这种全新的生活方式、学习方式及沟通方式，对于现代大学生的影响力正在日益增强。

随着时间的推移，新媒体已经逐渐成为高校思想政治教育的重要渠道，凭借能够更加快速地获取最新的信息、丰富的资源并展现出时代特点等优势，在高校思想政治教育领域越来越受到人们的关注。

因此，共享社区管理层应当紧跟时代潮流，通过合理运用新媒体技术，对现实社区生活的变化进行深入了解，其中，我们需要特别关注那些具有时代特征的形式和内容。同时，应有机结合高校思想政治教育目标，将这些内容融入实际的思想政治教育活动中，以更好地引导和规范大学生的言行举止。

**（二）聚合优质资源，加速共事资源集成化**

1. 共享优质课程资源

新媒体为汇集思想政治教育课程资源提供了必要的物质条件支持。这个过程将不同的教学资源，如教材、教案、课件和案例，以及学习资源结合在一起。

共享社区的信息协调员会采用多种策略来整合和优化社区资源，以形成更高质量的资源，以便能够更好地满足社区成员的实际需求。

2. 学习体验资源的共享

在共享社区中，每个个体都兼具学习者与教育者的双重角色。从实际情况来看，知识的获得需要通过参与和交流来实现，而在高校思想政治教育中，过程和体验十分重视。

这种整合媒体资源的方式更加人性化，它能够满足每个学习社区成员的独特学习需求。在共享环境中，可以更好地促进大学生对于自身高尚道德品质的培养，并进一步提高自身的政治思维素养水平。

**（三）构建新媒体多元化平台，促进思想政治教育扁平化**

传统的高校思想政治教育通常采用课程、大众传媒、谈话及心理咨询等多种形式。在高校思想政治教育共享社区中，我们需要将资源汇聚起来形成强大的力量，还需要不断探索新的理念及拓展新的思路。

例如，可以通过设立交流平台，如"心灵驿站"，使大学生能够与自己的内心进行深入交流。在当今复杂多变的社会背景下，大学生的独特个性日益清晰，也面临着压力、困惑和人际交往等多重挑战。从实际情况来看，他们想要与教师直接进行对话并寻求帮助的意愿相对较小。因此，我们可以建议大学生使用在线心理咨询服务，通过该服务引导和帮助他们培养正确、健康的生活观和人际观，为他们处理内心矛盾提供实际帮助。

再如，通过搭建平台，可以促进大学生之间产生平等的、多层次的交流，有利于高校更好地了解大学生的相关动态，从而更加广泛、全面地收集网络舆情。通过这种扁平化的方式，高校思想政治工作的共享资源能够更加充分地发挥其作用。

因此，我们必须以更加积极的态度去寻求拓展高校思想政治教育的新途径，运用新媒体这一技术搭建一个具备多元化特点的平台，畅通信息传递渠道，从而更好地推进高校思想政治教育。

### 三、新媒体时代高校思想政治教育共享社区模式的运行机制

#### （一）领导机制：高校思想政治教育共享社区模式运行机制的关键

在新媒体时代，要想充分发挥高校思想政治共享社区模式的整体作用，需要创新高校思想政治教育领导机制，确保各方面均参与其中、各司其职，形成协同工作的思想政治教育工作格局。

中共中央明确要求高校党委强化对学生思想政治教育工作的领导，校长要负责学生全面发展，建立完善以校长及行政系统为实施主体的思想政治教育管理机制。然而，在实际的工作过程中，高校中真正建立起这种健全的领导管理机制的并不多见。大多数高校由党委管理学生思想政治教育工作并负责组织实施，导致思想政治教育工作与其他工作相互独立，难以深入融合，难以实现在教育全过程中贯穿思想政治教育，以及在教学、管理、后勤服务等方面贯彻思想政治教育。

综上，领导机制是高校思想政治教育共享社区模式有效运行的核心环节。

#### （二）预警机制：高校思想政治教育共享社区模式运行机制的保证

在新媒体的环境下，高校思想政治教育预警机制可以通过多种途径来了解不同年级、不同专业及不同时期的学生群体在思想动态和经济情况方面的变化。在实践过程中，可以对这些信息进行分类，形成一个高校思想政治教育预警信息库。

通过对这些信息的检索和运用，我们可以及时发布各类预警信息，使高校思想政治教育更具有针对性和前瞻性。

其一，通过浏览和查阅其他网站信息等途径，及时获取大学生的校外思想动向，为本校思想政治教育提供宝贵的参考资料、信息内容。

其二，采用论坛、线上调查、咨询热线、消费信息等途径获取大学生生活、学习、就业等方面的真实情况，了解他们对社会热点、重大国际和国内新闻事件的看法，进而使教育教学的针对性能够得到切实有效的提升。

这样一来，高校思想政治教育预警机制能够通过收集、整理和分析各种信息，全面了解大学生的思想倾向和实际困难。高校思想政治教育预警机制可以及时识别网络上存在的有益信息、片面的思想观点或不良的社会认识等。与此同时，这一机制还可以更好地为教育管理部门提供应对策略，使不良的认识和思想得到处理，并积极引导高校思想政治教育共享社区模式朝着健康的方向发展和进步。

综上，预警机制是高校思想政治教育共享社区模式运行机制的保证。

### （三）监控机制：高校思想政治教育共享社区模式运行机制的手段

监控机制是指针对受教育者的思想状态和教育环境，通过可操作、有针对性的监控管理方式，达到引导和改善的效果，从而使受教育者能够与特定的教育目标相符。这一过程是教育者有目的、有计划的实践活动。

与此同时，教育者有必要结合实际情况，及时修正和调整高校思想政治教育计划。通过优化管控，高校思想政治教育计划更加完善，内容更具前瞻性，重点更加突出，措施更加可行，方式更加科学，从而达到更显著的效果。

在实施的过程中，应该遵循技术监控和人员监控并重的方针，并通过不同方面来实现。具体来说，一是需要建立监控内容的标准，明确监控的对象或范围，这是实施监控的基础条件；二是要将技术监控和人员监控相融合，积极推进适用于高校网络思想政治教育的监控软件研发，并建立一支专职网络思想政治教育监控员队伍。

在数字时代，网络信息源源不断、丰富多样、真假难辨。因此，高校应该建立监管机制，既要依靠自身规范意识来自我约束，也要依靠外部力量加以管理，即采取自律和他律相结合的监控管理机制。

自律是通过提升学生的网络道德意识，强化自我管理和法律责任意识，以及增强自我服务意识和规范网络行为，使大学生的网络道德自律能力得到更好地培养和提升。

他律是指采取管理控制措施，包括完善网络规章制度、规范网络行为，并加强对学校内部网络的监管，对于现有的监管技术进行充分利用，实现有效的信息监管和控制，建立信息进出校园网的"海关"，防范网络安全威胁，确保网络空间的净化。

综上，监控机制是高校思想政治教育共享社区模式运行中所不可或缺的重要手段。

**（四）保障机制：高校思想政治教育共享社区模式运行机制的基础**

保障机制是一种复杂的系统，旨在保证高校思想政治教育能够顺利有序地进行。这种机制由多种要素相互作用、相互影响、相互制约，从而确保高校思想政治教育的各种计划可以得到成功实施、顺利推进。考虑到构建高校思想政治教育共享社区的要求，从目前来看，需要在以下四个方面加强支持：内容保障、技术保障、物质保障及环境保障。

综上，保障机制是高校思想政治教育共享社区模式运行的必要基础。

## 第三节 基于"易班"的高校思想政治教学模式

思想政治教育因其立德树人、思想引导的功效而被高度重视。当下，高校的思想政治教育工作主要依托日常的思想政治教育课程开展。由于传统思想政治课受到时间、场地、人员等因素的影响，思想政治教育工作开展过程中存在活动形式单一、组织不够灵活、人员参与度不高、信息辐射范围有限等问题。

伴随互联网技术的兴起发展，网络以自身的虚拟性、内容的多样性、参与人群的密集性、辐射范围的广阔性成功突破了时间、场地等因素的限制。自2007年以来，"易班"已日渐成为各大高校进行思想政治教育、教学活动、生活服务、文化娱乐等一体化服务的全国性大学生网络互动示范社区。易班平台不断创新，网站功能不断完善，已成为全国教育系统的新媒体平台。

目前，易班教育已成为高校进行思想政治教育的重要手段。在未来，"易班"将发展成为一个质量更高的、具有综合性特点的大学生教育新媒体平台。它将具有更大的影响力，拥有更为广阔的覆盖范围，引领大学生教育新媒体平台的发展方向。

## 一、"易班"的兴起

"易班"是一个由政府主导，主要服务对象为大学生，以网络思想政治教育为目标，为大学生的全面发展提供教育教学、文化娱乐和生活服务的互联网应用，是一个公益性的网络互动社区网站。

中国互联网一直以高速发展的态势不断推进。自2005年起，社交类网站汇聚了大量的年轻用户，吸引着越来越多的年轻学子。各大高校普遍意识到互联网给思想政治教育带来了巨大的影响和考验。

其一，校园网络文化产品种类有限，缺乏多样性。与商业网络文化产品不断涌现的情况相比，当时的校园网络文化产品大多处于Web1.0的状态，只有校园BBS和新闻网站等产品，已经不能满足大学生日益增长的对于网络生活和网络文化的需求。因此，社会商业网站成为大学生主要的浏览场景。

其二，传统的思想政治教育工作已经无法更好地应对现实的各项挑战。现今的很多大学生对于网络十分依赖，相比现实的对话交谈，他们更倾向于通过屏幕来进行交流。因此，如果仅仅依赖于传统的工作方式与他们进行沟通交流或是引导教育，会显得较为单一，无法更好地提升教学的效果。

综上，易班的创建深深地扎根于当时的历史背景之中。

## 二、易班网络思想政治教育平台的特点

### （一）政府主导、三级联动的公益性网站

就推广模式而言，易班选择的是一种传统的行政主导的模式。2014年，教育部办公厅、国家互联网信息办公室秘书局印发了《"易班"推广计划和中国大学生在线引领工程实施方案》。具体实施由教育部易班发展中心负责。教育部直属高校直接向教育部易班发展中心提出共建申请并接受其指导和考核。

各省、自治区教育厅代表所管高校向教育部易班发展中心提出整体加入易班的相关申请，成立省级易班建设与发展中心，负责易班推广工作，并划拨专项财政经费推进省属高校易班的建设。

共建高校均应设立校易班发展中心，旨在更好地推动易班的发展建设，与此同时，校院两级的易班学生工作站也予以成立，易班的班委也进行委任。

在省级易班建设与发展中心的指导下，各所高校将学生的实名数据整体传送给教育部易班发展中心。校易班发展中心会在易班平台上建立本校的层级架构及行政班级，并通过辅导员指导学生来进行相应的注册。

从工作队伍层面来看，高校师生是易班建设的主要助力。具体而言，各所参与易班共建高校均设立了由党委主要领导担任组长的易班建设领导小组，管理和服务部门都积极参与易班建设的工作，如团委、组织部、马克思主义学院（思想政治理论课教学部）、学工部、宣传部、招生就业处、教务处、图书馆、心理咨询中心、信息与网络管理中心、后勤等。学生在教师的指导下自主完成各高校易班校级平台的维护、线上内容建设、线上和线下活动组织、易班文化建设及站务工作管理等任务。

因此，我们能够看出，易班最显著的特点是其运行采用的是政府主导行政化管理模式。这一特点有助于使易班保持的正确的舆论导向，也成为其在全国范围内进行推广的政治优势。

从现实情况来看，易班是一家公益性网站，由政府主导，其与商业性网站之间存在着相当大的差异。开展网络思想政治教育，是易班的主要目的。易班建设经费主要依靠上海市财政拨款，并得到教育部思想政治工作司的一定的经费支持。同时，各省（区、市）教育厅和高校也有少量经费用于支持易班在本系统和本校的推广及活动开展。相比之下，社交商务网站以盈利为主要目的，拥有多种资金来源，资金渠道相对较为多元。

自2014年起，易班实行了全国共建计划，行政化管理机制采用"部—省—校"的三级联动，顶层是国家互联网信息办、教育部，中间层是各省（区、市）教育厅，各所高校负责承接具体的共建任务。在2014年之前，易班主要是在上海市教卫工作党委的指导下进行相关的建设及推广。2014年11月后，教育部以上海易班发展中心为依托，成立了教育部易班发展中心。

对于易班的建设，需要加强统筹指导。具体来说，教育部和国家互联网信息办将会加强对易班发展中心的指导，协调实施易班推广计划并统筹规划。日常组织协调工作由教育部思想政治工作司负责，而其他相关司局会在政策安排、资源分享、教育服务公共平台共享等方面给予建设支持。各地教育部门和网信部门加强协调领导，引导高校积极推广并分享建设经验。该方案要求参与高校将推广工作作为学校党建和思想政治工作的重要组成部分。因此，这样的形式构建了三级联动的领导结构和工作模式。

**（二）基于Web2.0、共建共享的互动性社区**

从技术角度来看，易班的特点在于融合了社交App、论坛、新闻网、校友录、个人空间、在线教育、红网等多种功能。这种设计思路旨在将各类校园生活所需的服务都集中在一个平台上，使用户可以更加便捷地获取相关信息，进行沟通交流、阅读学习等，具有高度的兼容性。虽然高校师生借助开放平台上线了很多应用，但由于核心技术还不够成熟，导致这些应用在开发水平和功能上存在着良莠不齐的情况。

易班开放平台为高校教师和学生提供了一个共同开发和分享校园信息化应用的支持平台。通过易班的底层开放平台，高校可以将现有的校园信息化平台数据与易班平台连接起来。除此之外，易班开放平台还为教师和学生提供了模块化服务，使他们能够自主开发个性化应用。易班在技术发展创新方面经历了几个重要的发展层级，具体如下。

第一层级，易班在SNS社交网络流行之前，从最初仅有班级功能的单一平台，转变为集结社交、论坛和班级等多种功能于一身的综合社交网站，成功地实现了从Web1.0向Web2.0的升级。

第二层级，随着智能手机的不断普及，易班推出了手机应用程序，能够"抢占"学生的零散时间，更好地与移动网络的发展趋势相契合。

第三层级，当云计算逐渐得到重视时，易班推出了开放平台和云引擎，为教师群体和学生群体提供了开发个性化应用和功能的平台。

第四层级，以大数据技术作为基础，构建了一个大数据移动开放平台，关注校园大数据智能产品的研发，以应对一些现实问题和挑战，力求易班能够成为教育大数据的聚集地，通过不断挖掘和分析数据，为学生提供更多的个性化服务。

从目前来看，易班正在积极推进第三层级和第四层级技术升级，被视为易班从 Web2.0 跨越到 Web3.0 的重要一步。

互联网技术发展的一个显著特征是迭代速度极快。Web 是互联网上最为重要的信息应用技术平台，其技术发展已经历了三个重要阶段。

Web1.0 的本质是数字化、多媒体复合的超文本信息媒介，它具有共享性、交互性、可索引等一系列特性；Web2.0 是对 Web1.0 的拓展，在技术标准完善的同时，应用方式更加广泛，具有鲜明的共建性、关系性和定制化特征；正在兴起的 Web3.0 包括云计算、大数据与物联网等新兴信息技术发展方向的新一代信息网络。

易班技术的发展与互联网技术的进步保持相对同步。以现有的技术和特点为依据，易班属于 Web2.0 平台。易班网提供了四个级别的空间，包括易班总站、学校、班级和个人。它拥有多种互动功能，支持用户在开放平台上进行二次开发，以满足各种不同的需求。

Web2.0 是互联网历史上的一次革命，实践着网络社会化和个性化的理想。便捷化的阅读浏览方式、个性化的信息传播方式、社会化的合作交流方式、平民化的内容生产方式，让广大用户既是网络信息的获取者、享用者，也是网络信息的制作者、传递者。

与此同时，易班网还兼容视频和音频。除了教育部易班发展中心负责易班主站的某些内容及全国性网络文化活动，其他内容的建设都是通过高校共建共享的方式来进行的。易班网的内容涵盖了高校教育教学、文化娱乐及生活服务的各个方面。这些内容以学生为中心，包括高质量的课程资源、学习资料、讨论热点话题、校园文化活动、主题教育活动、学生事务管理和其他满足学生需求的应用开发等。

（三）立足校园生活、聚焦思想引领的教育类网站

在大学校园中，学生的首要任务及刚性需求便是学习。对于此，易班在提供教育教学资源方面，给予高度重视。易班推出了名为"易班优课"（YOOC）的全新在线学习平台，受到了许多学生的青睐。

易班优课提供了完整的在线教学管理系统，不仅包含了丰富的教育教学资源，还提供了多种教与学服务工具，如学前测评、视频学习、在线考试及个性化开发等。目前，易班优课已然成为一个集结教育资源的平台，涵盖教育主管机构、高

校、校外教育机构及师生个体等方面。

易班用户属性较为单一，均为高校师生，且必须通过实名注册。易班的核心定位是创建一个综合覆盖思想教育、教育教学、生活服务、文化娱乐领域的大学生网络互动示范社区。

如今，随着互联网技术的不断发展，教育类网站迅速涌现。这些网站主要分为教育主管部门和学校的官方网站、在线教育类网站、思想政治类网站、学术研究类网站、教育资源类网站，以及教育服务类网站等。它们的功能包括发布官方信息、提供教育服务，还能够提供资源下载服务等。受众范围相对较为广泛，适用于社会各类群体。除了在线教育类网站，其他网站通常是单向发布信息。易班是一个致力于高校师生教育的网站，其以引领思想、关注校园生活作为目标，更强调互动的重要性。

易班的标志图案中使用了红色、绿色、蓝色来分别象征面向青年学生的教育教学、生活服务和文化娱乐三个模块。此外，标志的背景中有一个若隐若现的白色"Y"字，既是"易"字拼音首字母的缩写，也代表着引领思想、注重育人的理念。易班的建设理念是用互联网的表达方式将思想引领融入教育教学、生活服务、文化娱乐中，让思想引领潜移默化地贯穿于校园的方方面面和育人的各个环节。

### 三、易班与高校思想政治课教学相结合的可行性分析

易班是为满足大学生校园生活需求而开发的客户端平台，涵盖了新闻、校园应用、课堂签到、作业提交、交流社区等多种功能板块，每个板块都具有自己独特的功能。其中，易班与传统的思政课程进行有机融合，可以切实有效地提高课程学习效果。

#### （一）易班具有良好的组织性

易班采用班级、学院、学校三级管理模式，作为一款专注于高校师生的社交平台，它的系统管理非常严格。相对于其他新媒体来说，易班在信息的输入和输出方面更加可信、更加安全，并且有良好的信息过滤和可控性。易班能够有效地净化虚拟空间的信息内容，在思想意识方面，具有格外突出的把控能力。每个用

户都必须通过实名认证,这有助于所有人都能够更加自觉地遵守网络规则,传递更多积极向上的信息。

为了注册易班账号,必须进行实名认证并通过学校后台审核,因此,易班被视为一个相对隔离的社交平台。此外,易班班群的成员都是同一班级的同学,他们在生活和学习上具有相同的需求,易班以此为基础,实现了更加高效的管理,提供了更贴近大学生成长需求的服务。从这一方面来看,相较于其他交流平台而言,易班的优势更加明显。

### (二)易班的受众广泛

学校规定所有教师和学生必须注册并使用易班平台,以发送通知、组织活动,并进行与教学相关的事项,如签到和作业管理。这项规定也使得易班平台在学生中的受欢迎程度高于其他平台,成为与思想政治课相结合的有效工具。

易班是教育部在上海试点后向全国推广的网络平台,旨在提供综合的教育、管理和服务。各高校在对易班进行推广及使用时,主要采用行政手段。易班得到了全国大部分高校的广泛应用。

### (三)易班的教学功能独特

易班拥有其他网络平台所不能比拟的教学功能,主要从以下两点论述。

其一,易班可以更好地满足学生的个性化需求,学生可以自主选择自己喜爱的教师,可以通过各种线上工具与教师进行沟通。与此同时,教师也可以通过运用线上渠道,加强与学生之间的互动和交流,为双方的共同学习提供一个强有力的保障。

其二,易班的资源广、专业性强,教师可以上传各种教学资源供学生学习,学生也可以作为教学资源的构建者,上传各种学习资料。与其他一般性综合网络相比,易班的专业性更强,学生和教师之间还能就相关问题进行深入的交流,打破时空的限制,打造在线教学一体化。

## 四、易班与高校思想政治课教学相结合的创新路径

### (一)加强易班教学的网络资源建设

其一,利用易班具备的开放性特点,立足于自身的教学资源优势,开设与学

生实际情况相适应的思想政治课网络课程。同时，还可以通过社会调查、同学互讲等方式，开展教学实践活动，鼓励学生积极参与学习，在易班上分享学习资源。这样一来，可以更好地实现课程资源的共建与共享，方便其他学生使用优秀资源学习思想政治知识。

其二，教师可以将自己的网络课程上传至易班平台，表达自己对于课程的看法。这种做法有助于让学生在学习过程中结合教师的思路和主张，在易班的教学互动中进一步深化理解并提炼基本观点。

易班平台的建设能够让学生和教师不受时间和地点的限制，随时随地进行交流与互动。同时，教师还可以轻松地上传各种网络资源，让学生能够自主学习，增强学生学习的自主性。因此，需要对易班的网络资源开发予以重视和强化。

### （二）建立传统课堂与网络教学相结合的教学模式

通过易班"名师工作室"模式，在课程开始前，教师可以对学习任务予以发布，并借助易班的话题功能，引导学生进行在线讨论、交流，以及提出自身在学习过程中存在的疑问。为了能够切实提高课堂的教学效率，对于在学生群体中普遍存在的重点问题和难点问题，教师应当更加详细地、具体地、有针对性地在课堂上予以解答。在课程结束后，可以通过设立工作室集中答疑或者为学生提供1V1的辅导服务，使学生自主学习的实际需求能够得到满足，进而使教学效果能够得到切实提高。

从现实情况来看，传统的高校教学方式强调教师在课堂上讲解教科书中的知识，注重教学手段的艺术性。在课程结束后，教师通常会离开教室，使教师和学生之间的互动和交流沟通的机会变少，这种模式难以满足学生碎片化学习的需求。相反，易班网络教学以班级为单位，具有持续性，不会因为课程的终止而结束。因此，我们可以将传统课堂教学与易班网络教学进行有机结合。

### （三）注重以过程评价为中心的考核机制

有效评估高校思想政治课的学业成绩对于激发学生的学习热情、提高学生思想政治素养至关重要，而相对于结果评价，过程评价更为重要。因此，基于易班的思想政治课应当更加注重对于过程的评估和考核。

要制定以全过程评价为中心的考核评价制度，增加平时成绩的权重，并将全面评估作为平时成绩的衡量标准，充分利用考核评价的作用，激发学生学习思想政治课的积极性。在考核评价时，需要遵循其内在规律和科学性，全面评价学生的知识、能力和品德。

首先，考核评价应该注重从理论和实践两个方面来检验学生。思想政治课既涉及理论知识的学习，也涉及实践能力的培养。不仅要评价学生对理论知识的掌握，还要评价学生实际运用所学知识解决问题、参与社会实践的能力。

其次，考核评价要注重知识和能力的结合。思想政治课的目标是培养学生的综合素质，评价也应该综合考虑学生的知识水平和能力发展情况。即使学生掌握了一定的理论知识，但没有与实际情境相结合并运用于实际生活中，也是不够完善的。

最后，考核评价也要注重知识和品行的结合。思想政治课不仅关注学生的知识水平和能力发展，也注重培养学生的道德品行和社会责任感。评价应该综合考虑学生的学业成绩和品行表现，以全面了解学生的综合素质发展情况。

通过易班，教师可以更清晰地了解学生课外的学习情况，不仅能及时了解学生线上作业的完成情况、易班讨论的发言跟帖情况、课程资源上传、在线测验等学习方面的完成情况，还可以通过学生参加各种比赛活动及获奖情况等，更全面地了解学生。

# 参考文献

[1] 聂彩林. 高校思想政治理论课教学艺术 [M]. 徐州：中国矿业大学出版社，2020.

[2] 叶天放. 高校思想政治理论课教学管理初探 [M]. 上海：复旦大学出版社，2010.

[3] 白明政，张兴智. 新时期高校思想政治教育教学研究 [M]. 贵阳：贵州人民出版社，2006.

[4] 王革. 新时期高校思想政治理论教育教学与研究 [M]. 咸阳：西北农林科技大学出版社，2008.

[5] 张小飞. 高校思想政治理论课教学与大学生思想政治工作 [M]. 成都：西南交通大学出版社，2005.

[6] 刘韵清，周晓阳. 开放性教学论：高校思想政治理论课开放性教学新模式研究 [M]. 成都：巴蜀书社，2010.

[7] 刘吉发，刘强，段联合. 高校思想政治理论课教学方法论：10余种教学方法的设计与实践 [M]. 西安：西北大学出版社，2009.

[8] 邱正福. 高校思想政治理论课教学创新研究 [M]. 济南：山东大学出版社，2014.

[9] 高洁，闻敬. 新媒体环境下高校思想政治教育研究 [M]. 北京：线装书局，2022.

[10] 邵莉莉. 新媒体环境下高校思想政治理论课教学方法创新研究 [M]. 武汉：华中师范大学出版社，2022.

[11] 严洁，姜羡萍. 新媒体视域下创新高校思想政治教育探析 [J]. 学校党建与思想教育，2021（20）：72-74.

[12] 崔人元. 新媒体环境下高校思想政治教学创新路径 [J]. 山西财经大学学报，2021，43（S2）：123-126.

[13] 彭雪容. 全媒体时代高校思想政治理论课教学的优化路径 [J]. 高教学刊，2021（9）：145-148.

[14] 袁希. 融媒体时代高校思想政治教育教学改革探索 [J]. 学校党建与思想教育，

2020（15）：68-70.

[15] 史宏波. 浅论新媒体时代高校思想政治理论课教学的创新发展 [J]. 学校党建与思想教育，2018（19）：62-64.

[16] 胡晓娟. 新媒体时代高校思想政治理论课实践教学研究 [J]. 教育与职业，2017（2）：90-93.

[17] 吴艳冬. 自媒体时代高校思想政治理论课教学改革及其创新策略 [J]. 大庆师范学院学报，2015，35（6）：116-118.

[18] 齐英艳. 新媒体时代高校思想政治理论课研究型教学模式探析 [J]. 思想理论教育导刊，2015（9）：98-100.

[19] 高昕. 新媒体时代高校思想政治理论课教学改革刍议 [J]. 学校党建与思想教育，2015（2）：27-28.

[20] 邱杰. 新媒体时代高校思想政治理论课教学改革新探 [J]. 延边党校学报，2012，27（3）：124-126.

[21] 周杨阳. 新媒体环境下高校思想政治理论课互动式教学研究 [D]. 杭州：浙江工商大学，2020.

[22] 陈梦圆. 高校思想政治理论课教学方法研究 [D]. 长春：东北师范大学，2019.

[23] 赵越. 新媒体时代高校思想政治理论课网络教学研究 [D]. 大连：辽宁师范大学，2018.

[24] 张嘉航. 新媒体在大学生思想政治教育中的运用研究 [D]. 北京：华北电力大学，2017.

[25] 慕健. 新媒体时代高校思想政治理论课教育教学实效性研究 [D]. 西安：西安建筑科技大学，2015.

[26] 丁国浩. 问题意识导向下的高校思想政治理论课教学研究 [D]. 上海：上海大学，2013.

[27] 雷儒金. 高校思想政治理论课教学方法改革研究 [D]. 武汉：武汉大学，2012.

[28] 宋成鑫. 高校思想政治理论课实践教学模式创新研究 [D]. 哈尔滨：东北林业大学，2012.

[29] 张雪飞. 高校思想政治理论课教学实效性研究 [D]. 大连：辽宁师范大学，2011.

[30] 郭纯平. 高校思想政治理论课实践教学模式研究 [D]. 天津：天津大学，2008.